我是你的合伙人

一个校长关于家校合作的思与行

WO SHI NI DE
HEHUOREN

郑蕙 著

暨南大學出版社
JINAN UNIVERSITY PRESS

中国·广州

图书在版编目（CIP）数据

我是你的合伙人：一个校长关于家校合作的思与行/郑蕙著．—广州：暨南大学出版社，2017.12（2025.11 重印）
ISBN 978－7－5668－2248－2

Ⅰ.①我…　Ⅱ.①郑…　Ⅲ.①小学教育—学校教育—合作—家庭教育—教育研究　Ⅳ.①G626

中国版本图书馆 CIP 数据核字（2017）第 273130 号

我是你的合伙人：一个校长关于家校合作的思与行
WO SHI NI DE HEHUOREN：YI GE XIAOZHANG GUANYU JIAXIAO HEZUO DE SI YU XING
著　者：郑　蕙

出 版 人：阳　翼
策划编辑：李　艺
责任编辑：高　婷
责任校对：王雅琪
责任印制：周一丹　郑玉婷

出版发行：暨南大学出版社（511434）
电　　话：总编室（8620）31105261
营销部（8620）37331682　37331689
传　　真：（8620）31105289（办公室）　37331684（营销部）
网　　址：http：//www.jnupress.com
排　　版：广州市新晨文化发展有限公司
印　　刷：广东方迪数字印刷有限公司
开　　本：787mm×960mm　1/16
印　　张：12.25
字　　数：210 千
版　　次：2017 年 12 月第 1 版
印　　次：2025 年 11 月第 2 次
定　　价：38.00 元

前 言

担任校长之初，我就尤为关注家校关系，关注家长对学校、教师的理解与支持，认为既然大家都立足于“一切为了孩子”，那么，家长和学校就应该理所当然地站在同一战线上，结成促进孩子成长发展的“同盟军”，为孩子共同营造良好的教育生态。可是，现实和理想之间总是存在差异。正如苏霍姆林斯基所说的那样“教育的效果取决于学校和家庭的教育影响的一致性。如果没有这种一致性，那么学校的教学和教育过程就会像纸做的房子一样倒塌下来”。

其中，有学校对家长的无奈，有家长对学校的误解、指责与不屑。于是，我们都必须迈出第一步，而学校，应该首先迈出这一步。

这本书呈现的是学校如何“首先迈出这一步”的记录，有面对面的交流、有微信聊天、有学习与收获、有研究后的反思……所涉内容都是一些实践经验再夹杂着一些真实的想法。如果这些内容能触动家长的思考，能给家长带来一点启迪，能在家长普遍焦虑的社会现实中帮助家长剔除一点烦恼、缓解一点压力，那我也就心满意足了。当然，如果本书真能指点迷津，以致茅塞顿开，那更是求之不得！

我向来以为，小学阶段关键要做好两件事，一是习惯培养，包括生活习惯、行为习惯、学习习惯（阅读习惯）；二是兴趣培养，因为兴趣后面是好奇心，是一探究竟的动机。如果抓好了这两件事，家长普遍关注的提高成绩就是水到渠成的事了。书中对这些方面的内容应该有所涉及，如果表达不够明确，这算是我的“补漏”吧！

我和同事一起开展“小学阶段的父亲参与策略研究”的课题，希望能以一种父亲可以接受的方式，寻找足以让父亲体验的平台，让父亲明确自己角色的重要性以及如何去谱写“大爱父亲”的乐章。课题不是为了研究而研究，其目的有三：一是呼唤，二是引导，三是回归。所以才有了针对性的主题讲座，才有了阅读《学吧，学爸》，才有了“爸爸进课堂”等系列活动。

我知道关于家校合作或者家长学校的研究已经数不胜数，而且这些研究要比我深入得多，但是我仍愿意把我粗糙的劳动成果展示于众，以触发思考，求教于大方之家。

这本书能够面世，首先要感谢的是我的同伴，一群和我信念一致、价值观一致的同事，是他们和我一起并肩作战，无怨无悔，共同开创了家校和谐的新局面，从这个意义上说我们是彼此信任、相互支持的合伙人！

当然，必须感谢我的家长朋友，“白云奉献给草场，江河奉献给海洋，我拿什么奉献给你，我的朋友?”我因家长的焦虑而忧虑，因家长的快乐而幸福！家长真诚的微笑和欣然的点头都能化作一股清流，源源不断地滋润着我的心田。家长适时地参与到学校的教育教学活动中来，毫不犹豫地选择了教育合伙人这个角色，让我倍感欣慰！

感谢书中所提及的各位专家、同行，是他们的研究和经验让我备受鼓舞；感谢暨南大学出版社的编辑李艺，是她的鼓励，让我有勇气把不完美之作呈现给大家。

最后，感谢每一位读者的宽容！

郑　蕙

2017 年 9 月

目 录

CONTENTS

二、研究与推动

三、故事与对话

四、思考与分享

一 引领与学习

苏联教育家马卡连柯说：“我们应当组织家庭教育，而且作为国家教育代表的学校应当是组织的基础。学校应当领导家庭。”领导家庭的学校首先要了解家长的需求，为家长学校合理设置课程，让家长们获得科学的教育思想和正确的教育方法，把家长引导到享受教育、守望成长、体验成功的道路上来。领导家庭，引领者需要不断地学习、更新、改变，让自己具有资本和力量！

令人鼓舞的校本培训

学期初，学校就以“规范管理，提高质量，打造品牌”这十二个字为核心，明确地提出本学期着力打造的六大工程，即礼仪工程、阅读工程、安康工程、教科研工程、家校工程、保障工程。

家校工程的具体任务之一是建设好家长学校，为家长提供切实有效的家庭教育培训指导。本学期的培训指导有这样几个特点：一是问题来自家长，二是始于一年级，三是密度大（每月一次），四是与教师的校本培训相结合。

一年级是学生系统学习的起始年级，从与家长的交流中，我们感到很多家长对于孩子的幼小衔接、对于孩子小学的学习和生活、对于学校和老师的要求都感到茫然，有的甚至无所适从，迫切需要相应的指导和帮助。

学期初，我们给一年级的学生家长发放了调查问卷，主要了解家长的具体困惑和家长中是否有现成的资源。调查结果显示，家长们的困惑主要集中在：如何培养孩子完成作业的习惯？孩子多动怎么办？如何培养孩子的学习兴趣？怎样指导孩子阅读？……还发现有一位家长很有经验，据说她的弟弟、妹妹们都是在她的教育和指导下考上了重点大学。

据此，学校对培训时间、主题、形式等进行了讨论。培训时间就是学校教师校本培训的时间，每月的最后一周周五下午三点半至五点（周五下午全校学生只需要上一节课）。主题则根据家长的需求和困惑而拟定，一般是每次培训结束后征集意见，确定下一次的主题。培训形式则讲究灵活、多样，有专家讲座、互动分享、游戏与体验、头脑风暴等，而专家的人选既可以是学校的老师、家长、关工委（关心下一代工作委员会）的工作人员，也可以是研究家庭教育的专业人士。

2011 年 10 月底，学校拉开了培训的序幕。这一次培训除了一年级的学生家长，还邀请了家委会的成员、二年级（3）班和五年级（2）班的学生家长。由于我们的阶梯室仅有 139 个座位，所以很多家长只能在过道加座，有的甚至坐在外面的走廊上，这令我很感动。

第一次培训的主题是“如何为孩子创设良好的环境”。我结合了自己家庭教育的案例以及我国古今的典型事例，与家长们共同分享。

没有人窃窃私语，也没有听到手机铃声。家长们专注的神情犹如源源不断的能量鼓舞着我，我顿然感到自己的声音洪亮而饱满，充满了整个阶梯室。家长们信任的眼光化成了一簇簇鲜花，盛开在广袤的草地上，把我的心装饰成了一座春天的花园。是因为家长们对内容感兴趣，是因为对我培养了一个考上北大的孩子而心存信服，还是我的讲座的确生动而吸引人？不论何种理由，我感受到了如今的家长对家庭教育的重视，这对我们学校的管理工作、对老师的教学提出了更大的挑战。会后，我将带去的十几本《放风筝》送给了家委会的成员，结果其他家长也纷纷索要。没想到我的书这么受欢迎，我的“虚荣心”再一次得到了满足。

11 月 25 日，第二次培训的主题是“如何激发孩子的学习兴趣”。活动分成三个环节，第一环节由学校一年级教师代表、语数英各个学科的教师代表结合课堂教学案例谈激发孩子学习兴趣的思考与做法。老师们八仙过海各显神通，为家长们打开了一扇敞亮的窗。透过这一扇窗，家长们一定看到了老师们的不辞辛劳，看到了老师们为了孩子的良苦用心，看到了老师们对教育孩子这一事业的深深热爱，同时也看到了老师们的智慧。一旁的我感动而欣慰！

第二个环节是家长的分享，被推荐发言的五位家长一字排开，坐在讲台的前面，面对着大家。或许是第一次面对这么多人，面对这么多充满希望的目光，刚开始他们不免有些紧张，略显局促，但是丝毫无损他们的形象。他们是当之无愧的、令人钦羡的优秀家长。五位家长做足了准备，每一位家长都写了讲稿，有的还写了好几页。他们的做法虽不尽相同，但一定会给所有的老师和家长们以启示。

第三个环节是专家的分享，我请来了我儿子的一位学姐（既是华师附中的学姐又是北大的学姐）的妈妈——某编辑部的陈编辑。她给老师和家长们讲述了自己培养女儿学习兴趣的故事。陈编辑主要从知识背景的积累和成就感的体验这两个方面，指导大家要重视孩子的阅读、重视孩子的交往、重视孩子的活动。同时，陈编辑提醒大家要让孩子获得充满成就感的体验，且注意少夸孩子聪明，多夸孩子努力（努力才会得到表扬，努力才会得到快乐，努力才会得到成果）；表扬他的优点，再迁移到学习中；多给（但不要刻意）孩子一些表现的机会。

时间悄然疾驰。我们的老师一讲起来就滔滔不绝，忘记了时间的流逝；我们的家长说自己一两分钟能讲完，可是他的一分钟至少有一百五十秒；我们的专家告诉我会在半小时内结束分享，结果互动的家长让他意犹未尽……所以，原定五点结束的培训足足延长了半个小时。作为主持的我不免有一点小歉意，我以为会受到家长和老师们的责备和埋怨，但丝毫没有！家长们从后面走来，将字迹工整的问卷交给老师，还笑盈盈地对我说："校长，谢谢！"我又看到了一地的鲜花。

通过家长培训活动反馈表

您觉得自己在家庭教育中有哪些成功之处？您觉得自己在家庭教育中仍存在哪些困惑？您参加本次活动有何心得与体会？您对本次及以后此类的活动有何意见与建议？这是家长问卷中的几道开放题。

设置问题一，目的在于了解家长在教育孩子的过程中积累的经验，这些经验在以后的培训中就是宝贵的资源。这些经验会被用来分享与推广，这些家长会被请出来作为培训的"导师"。

设置问题二，旨在了解家长在教育孩子的过程中存在的问题，了解这些后学校才能有的放矢地对问题进行梳理和整理，有针对性地设计下一次或下一阶段的活动内容，切实为家长排忧解难，让家长在培训中受到启发，得到帮助。

设置问题三，目的在于具体地了解家长有哪些收获，同时也是对我们本次活动效果的评估。

设置问题四，我们是本着一颗真诚的心希望听到家长真切的声音，"三人行，必有我师焉，择其善者而从之，其不善者而改之"，渴望吸纳来自家长的智慧，改进培训的内容，创新培训的方式，让培训既扎实有效又轻松活泼。

看到问卷中家长们工整的字迹，看到表格中充盈的内容，看到家长们饱含真诚和感激的文字，我感动而又欣慰。感动的是，家长们内心充满着对学校和老师所做的工作的理解与感恩；欣慰的是，家长们对培训机会的珍惜、对培训活动能提出自己的真知灼见。学校和家长之间达到了互相坦诚、肝胆相照的境界。

透过问题一，我们看到家长对孩子的教育越来越用心，也越来越意识到孩子的个性和品德形成的重要性，具有正确的、现代的价值观。有的家长认为自己最成功之处就是教会了孩子懂得分享和自律。有的家长认为自己最成功的地方就是教会了孩子按时完成作业，早上准时起床且能整理自己的内务。有的家长认为自己的得意之处就是能通过一些传统的故事教育孩子吃苦耐劳、与人为善、诚实有礼……并且能采取合理的或者适宜的教育孩子的方法，例如多表扬孩子；及时批评孩子的错误，让孩子知道错在哪里，及时改正等。

透过问题二，我们看到一些家长为孩子的不良习惯而苦恼。主要集中在孩子做作业不专心，注意力容易分散，容易疲劳；孩子经常粗心；孩子任性，容易发脾气。这些问题也是当今孩子较为普遍的问题，该如何帮助家长呢?值得我们去研究。

透过问题三，我们看到家长对学校组织的培训活动称道有加。如“正如校长所言：八仙过海各显神通，感谢各位老师的辛勤与费心。”“沟通—理解—计划—满意。”“我参加本次活动，真可谓‘与君一席话，胜读十年书’。借鉴不同学科的老师、教育专家及家长们的育儿经验，结合自己女儿的特点，灵活运用，真的管用!”“通过本次专题讲座，作为家长的我受益匪浅，使我以后在家庭教育中能更好地启发、引导孩子的学习兴趣，从而激发孩子勇敢克服学习中遇到的困难。”

透过问题四，可以感受到家长的关切与呼声。“本人很满意此次教育专题讲座。建议学校以后能多举办此类活动。我们家长将极力配合学校老师们的教学工作，共同培养孩子，使其拥有美好人生！谢谢!”“我对学校组织这样的活动很赞成。老师、家长、专家进行互动非常好，继续办下去，对我们的孩子的教育是帮助很大的。”“①适时多举办；②可探讨对孩子较好表现的表扬形式；③探讨阻碍孩子学习进步的原因和解决的方法。”“再次感谢老师和专家的付出。像这样的活动，有机会多举办几次。”“我建议采用论坛形式，抓住家庭教育中存在的共性问题，进行互动式交流。如在会前给家长发送信息：我们这个月的家校互动话题是‘怎样培养孩子自我控制的好习惯’，届时家长们可以围绕此话题畅所欲言。最后学校总结归纳。教无定法，我想学校开展校本培训的最终目的应该是引导家长们去深思怎样教孩子。”“建议同班的学生家长可以组成一个群，互动了解学生在学校班级里的情况，班主任是群主。建议学校可以每隔一个月分别开一次父亲和母亲家长会，这样可以根据父母不同的责任作一些强调与交流。”

虽然内容不尽相同，但几乎每一张问卷上面都有共同的字眼，那就是感谢以及希望此类活动能延续下去。

我面前的一份份真情流露的问卷，犹如家长们一个个真切的希望，一颗颗诚挚而滚烫的真心，沉甸甸的！但分明又看到了担当，看到了家长和老师们参与的热望，我顿时感觉到神清气爽、如释重负！

新生家长培训

家长和孩子们陆陆续续走进校园，根据校门口的分班信息去找各自的班级。一年级新生以及新生家长培训已经拉开了序幕。

九点，我们招呼家长走进早已开好空调的阶梯室，新生家长培训即将开始了。

我激情洋溢地致了欢迎词，阐明了在假期开始后及时对家长和学生进行培训的意义；详细地介绍了学校的情况，让家长对学校历史、办学理念、硬件设施、教师队伍等有清晰的了解。

我的演讲主题是“小学生入学适应不良及对策”。PPT是一个月前就已经准备好的，昨晚再次作了完善。我结合历年来一年级刚入学孩子的表现，首先，通过案例呈现了孩子入学适应不良的种种现象；其次，分析了产生上述现象的原因；再次，提出了让孩子更好地适应小学学习和生活的对策，也就是开学前要做的准备工作，包括：①帮孩子做好入学的心理准备。②对孩子进行安全教育的准备。③家庭学习环境的准备。④孩子良好习惯的准备。⑤良好生活方式的准备。⑥学习能力的准备。⑦社会能力的准备。⑧孩子入学档案的准备。⑨生活用品的准备。最后，建议家长在孩子入学后要做到以下四点：①多与孩子沟通，让孩子说说学校的新鲜事。②尊敬老师，维护老师的形象，培养孩子对学校、对老师的感情，学会文明礼貌和感恩（当孩子间发生矛盾的时候，要冷静对待）。③主动和老师交流，不对孩子施加过大的压力。④及时了解孩子的学习情况，培养孩子对待学习的积极情感。其间也夹杂着自己教育孩子的经历和案例。虽然之前我并没有提醒家长将手机调到振动，但是长长的两个多小时，仅听到一次手机铃声，而且即刻被关了，我感到万分的欣喜：为家长的素质！我没有带讲稿，PPT 也只列着提纲，因此，我在演讲过程中几乎是和家长对视的。看着家长聚精会神的样子，我欣喜而又感动，成就感油然而生。

上午的最后一个环节是与家长互动，对于家长提出的“我的孩子爱好广泛，如何让她选择兴趣班?”“孩子的学习用品如何购买?”“什么时候给孩子购买练笔本?”等问题我一一做了回答，并引导家长阅读学校精心准备的《一年级学生家长指导手册》。

下午的活动三点三十分开始，我提前几分钟步入阶梯室，但会场竟然座无虚席——家长真守时！坐在第一排的还是上午那几位家长，是因为第一排听得更为真切？是因为家长之间的默契？

下午安排了原一年级的三位学生家长与新生家长们分享一年来孩子的成长过程和教子心得。三位家长都是经过班主任推荐的，她们的发言应该能给予这些新生家长们一定的启发和借鉴。

之后，我对学校的礼仪教育（学生礼仪、家长个人仪表）、经典教育以及开学的时间做了进一步的强调。最后，培训在掌声中结束。

培训结束后，我仔细地翻看了每一张反馈意见，竟然是百分百的满意率，真是“一分耕耘一分收获”。为了这次培训，我们提前做了具体、详细的策划，对老师进行了细致的培训。对于家长，我们的目标在于“信任与行动”，即让家长信任学校，坚信这是自己无悔的选择，并按照学校的要求提前进入角色，做好幼小衔接，让孩子顺利过渡。对于孩子，我们安排了丰富的课程内容，旨在让孩子对小学的课堂和规范有初步的认识，认识校园、喜欢学校、喜欢老师、喜欢同学，对校园文明礼仪建立初步的意识，促进人际交流，对小学生活产生期待。

校园恢复了宁静，可是老师们还没有离去，他们还在教室里讨论着，言语间流淌着对孩子们的赞许、对下学期的期待。

花絮：

（1）一位家长对老师说：“我小孩说很喜欢陈老师，希望正式分班时能跟着陈老师。”

（2）知道我写了一本书，家长执意要买。我让徐主任把仅剩下的 34 本放在门卫处，谁知下午家长一进来就抢购光了。培训结束后，买到书的家长纷纷围上来让我签名，一位家长还说：“我真幸运，早来了，要不就买不到了。”

没有买到书的家长说："我去网上或书店买了书，再拿回来让您签名，可以吗？"

（3）我看到很多孩子手里拿着一张《弟子规》的光碟，经老师告知，原来是欧阳晶晶的妈妈送的。

（4）下午，一位家长拿着我的书《亦师亦友——一个妈妈的手记》让我签名。签完名后，他竟然对我说："我的孩子还没有被录取。"我不解："那你为什么还来？""我听邻居说今天有讲座，就来了。"

（5）上午培训结束后，一位家长对我说："我的孩子也可以去××学校。之前，我对我们学校的师资还不是很有信心，听了校长的讲座后，我觉得我的选择是没有错的。"

北大妈妈进学堂

2013年12月15日（周日）上午，本该寂静的校园却涌动着热情和温暖——"北大妈妈进学堂"家长培训系列活动正在进行中。

参与培训的家长大部分是一年级的学生家长，少部分是二至四年级的学生家长。

此次培训的主题是"以兴趣为切入点激发潜能，兼顾学科平衡"。受邀讲课的是北大妈妈杨燕军教授，她的女儿2010年从华师附中考入北京大学城环学院。

杨教授重点分享的第一个话题是"以兴趣为切入点激发潜能"，她结合自己孩子的成长经历，分享了作为一位家长应该如何观察、发现、分析孩子的兴趣，且以兴趣为动力发挥孩子的潜能。诚然，学习也是如此，追求知识和能力没有不辛苦的，但是辛苦并不代表不快乐，并不代表痛苦。只要热爱就会以苦为乐，再辛苦也会去追求。杨教授认为，作为家长不一定要求孩子的成绩如何好，不能因为分数而泯灭了孩子的兴趣和天赋。总之，要发挥孩子的优势，不要盯着孩子的劣势。

杨教授重点分享的第二个话题是"兼顾学科平衡"，她从综合素质培养的需要和升学考试的需要两个方面阐述了兼顾学科平衡的意义，然后具体介绍了该如何兼顾学科平衡。最后，她给家长们提出两条建议：第一，营造良好的家庭环境，包括读书的习惯、积极向上的氛围、多灌输科学知识、远离低级趣味等。第二，家长要做出表率，在照顾孩子的同时不能放弃自己的社会定位。

在互动环节，家长们都很积极，有的表达了自己在此次培训中的收获和对学校的感激，有的提出了自己在家庭教育中的困惑，杨教授和我一一作了解答。

任何一个孩子的成长经历都不可复制，经验只可借鉴。只要能带给家长更多的思考，我相信我们就是成功的。

做家庭教育的引领者

“教育的效果取决于学校和家庭教育影响的一致性。如果没有这种一致性，那么学校的教学和教育过程就会像纸做的房子一样倒塌下来。”作为一名教育工作者，看到这段话一定会产生强烈的共鸣，而说这段话的人就是被每一位教育工作者所敬仰的杰出的教育家苏霍姆林斯基。

在我的心目中，苏霍姆林斯基是爱的化身，是学校管理的行家，是儿童教育专家，是一位呕心沥血、充满智慧的大家。想不到，他对于学校教育和家庭教育的关系也阐述得如此入木三分。

事实正是如此，如果光有学校教育而没有家庭教育，或者家庭教育和学校教育背道而驰，那么学校教育注定是要失败的，谈何优秀人才的培养。“5 +2≤0”早已成为不需要再去论证的公理。

因此，家庭教育尤为重要。但是，家庭教育由谁去指导最为适宜呢？学校责无旁贷。或许有人会说，学校的工作已经够忙碌了，老师哪顾得上家庭教育？能管好自己的班，教好自己的课就足够了。退一步说，就算老师能顾上家庭教育，难道优秀的教师就一定是优秀的家庭教育的指导者吗？教师的科学理念和教育方法又该如何去获得呢？

我听过很多老师埋怨家长不配合，也看过很多老师当着孩子的面责备家长。刚到这所学校的时候，一谈到家长，老师们纷纷摇头，甚至无可奈何地叹息。那时，我就暗暗下定决心，不能任其发展下去，一定要扭转这种局面，一定要转变家长的观念，一定要为老师的教育教学消除阻力、输送正向的力量。

于是，在每学期至多两次的家长会之余，我召开了各个年级的家长会，为各个年级的家长讲课。内容既有理论也有实践，有身边的案例也有来自书中的故事。不知道是我的真诚感动了家长，还是授课的内容让家长觉得受益匪浅，我感觉到家长离开课室时的态度与表情和来时截然不同，有的家长甚至紧紧握着我的手，显得触动很深。

应该说，这就是真正的家长学校的萌芽吧。“家长学校的任务是不断地提高父母们的教育修养水平。”“我们认为极其重要的一点，就是要使‘设计人’的工作不仅成为教师的事业，也要成为家长的事业。”从那以后，我备受鼓舞：只有教育好了父母，才有可能教育好孩子。

当然，我不敢期望每一位家长会因此而改变，我不敢期望每一次讲座或活动能让每一位家长都满意或者有很大的受益。但是，我相信，只要我们努力去做，总是会有改变的。我相信，精诚所至金石为开。

后来，我们坚持做了下来，越来越多的家庭教育专家走进了学校。再后来，我们不断学习和思考，不断调整思路。于是，有了家长开放日，有了集体家访，有了亲子运动会，有了新家长学校，有了亲子阅读，有了班级 QQ 群，有了微信群，有了根据学校办学理念而命名的“昭明美行”微信公众号……

现在，我们的资源越来越多，有来自省市的专家，有热情加入的家长义工，有就地取材的社区、社工力量，当然，还有一个特殊的由我兴起的“北大妈妈讲师团”。当我做这一切的时候，我觉得离家长很近，我能倾听到家长发自内心的声音。我相信，学校的老师也有感觉，如节假日和家长一起带着孩子参加综合实践活动的张赤芸老师，及时向家长介绍育儿经验的苏茵老师，及时约谈特殊孩子家长的陈秋珍老师……她们理解家长的需求，真诚地为家长排忧解难，不仅构建了良好的家校互动关系，还融洽了亲子关系。

作为教育工作者，只要自己能不断学习和思考，掌握科学的教育理念、掌握教育教学规律、掌握儿童心理特点和年龄特征并不是一件困难的事情。因此，只要我们有扎实的专业素养，用一颗真诚而乐于奉献的心去引领家长，得到家长的支持并不是一件困难的事情。

“享受教育，守望成长，体验成功”这是我的教育思想，也是一种教育情怀和豁达的追求。我愿成为学校家庭教育的引领者，让我们“一起来，更精彩”！

教育好了父母就教育好了孩子

——感受俞敏洪老师的教育思想

有幸聆听新东方教育科技集团董事长兼首席执行官俞敏洪老师的演讲《让爱成长》，近距离地享受了一场精彩而生动的家庭教育盛宴。

活动是由广州市妇女联合会、广州市文明办、广州市教育局、广州市关工委、广州市电视台联合举办的，偌大的广州军区体育馆济济一堂、座无虚席。俞老师虽然说不上是伟岸雄风，但气场十足，让每一位听众心存敬仰。足足两个小时的演讲，俞老师没有讲稿、没有喝过一口水、没有中场休息，听众的目光汇成了如聚光灯般的光柱，投射成一个焦点。会场上有时寂静无声，有时掌声雷动，有时笑声一片。

俞老师结合自己的学习、成长经历，结合自己对孩子的教育娓娓道来，感情真挚、朴实。其中，至少有三个方面深深地触动了我，予我以启迪。

一、父母对孩子的影响，不在于你的知识结构，而在于你的价值观

俞老师认为，教育的三大元素在于人品和人格教育、知识和智慧教育、社会交往能力教育。

他笑谈以他为原型的电影《中国合伙人》，称电影对生活进行了夸张。他认为他自己经常为宿友打开水，承担宿舍的清洁纯粹是一种习惯。这种习惯就是从小养成的：他妈妈要求他每天上学之前必须扫地、挑水。因此，他认为这是理所当然的。因为这种理所当然，所以当俞老师邀请同学回国共同开创事业的时候，大家就是凭着一种记忆中的感动和现实中的信任，毫不犹豫地答应了下来，才成就了新东方。

人品的种子是在家庭教育中播下的，是在父母的言传身教中播下的。他讲述的两个实例是最有力的论证。

其一，每一年收割完粮食后，精于料理生活的俞妈妈总是略有盈余，她让儿子陪着自己把粮食送给隔壁有五个儿子的邻居。正因如此，后来那五个

儿子长大后，每年的农忙季节都会和他们的爸爸把俞老师家“干死了，也要五六天才能割完”的稻子收拾得利利索索。

其二，农村收割完的稻子都晒在打谷场上，碰上暴雨来袭，倘若谁家没人，俞妈妈总是先收别人家的，自己的稻子反而被淋湿了。母亲面对儿子的质疑，说了一句：“远亲不如近邻。”

在俞老师眼里，他的母亲很爱帮助别人，拥有一颗善良、无私、豁达的心，这背后就是价值观的满足。他的父亲也是如此，做木工的他，从来不让“穷人”给自己工钱。

从父母身上，他学会了助人，他坚信一种朴实的哲学：帮助别人就是帮助自己，帮助别人是有回报的，只不过回报的方式不同而已。物质的回报是一种回报，友情的回报是一种回报，内心的坦然、充实和甜蜜也是一种回报。

对照自己的父母，他深有感触：“父母对孩子的影响，不在于你的知识结构，而在于你的价值观。”成绩重要，但更重要的是作为父母的我们给孩子传递怎样的价值观。家长的眼光决定孩子的命运！

二、拥有改变生命的渴望是最重要的

俞老师从小就喜欢看书、喜欢学习，这与母亲的影响与引导分不开。他家里世代都是农民，当时的农村只有“教书先生”是拿国家工资的，这让农民既羡慕又尊重。母亲不知道外面的世界，对儿子的期望就是——“你长大以后一定要当个先生！”

正是因为这样一种信念，俞老师在两次高考失利以后，再度发起冲刺，终于达成夙愿，成为北京大学外语系的一名学生，也终于圆了母亲的梦。而他的另一位高中同学却因为母亲的阻挠，失去了再度挑战的机会，只能在农村终其一生，重复着面朝黄土背朝天的日子。每次俞老师回到老家，那位母亲都会在他面前毫不讳言自己对孩子的愧疚。

当然，作为几乎被耽搁的一代，在父母的影响下，俞老师有一个突出的特点——爱读书。那个年代属于孩子们的只有小人书，小人书是父母对俞老师最大的奖励。而和小伙伴们分享小人书却让俞老师体验到了越来越多的成功感，对改变命运的向往也在那时候开始一点一点地累积。

结合自己的经历，俞老师给家长的建议是：一定要培养孩子对某种东西的爱好和渴望，只要是正能量的都要支持，不管它是否有助于上大学，能否赚大钱。拥有改变生活的渴望是最重要的，有希望就有动力，就能始终保持对美好生活向往的强大热情，就不会甘于现状。

三、教育好了父母就教育好了孩子

俞老师坦言，中国的老师很有问题，缺乏教育艺术，其根本是阅读的缺失。他要求新东方的每一位老师每年要读 30 本书，而自己还要翻倍——每年 60 本。他重视从小培养孩子的阅读习惯，每天要和孩子共同进行 20 分钟的亲子阅读，家里任何一个房间四周都是书。“你不读书，孩子怎么会读书”，俞老师极为看重家长的榜样作用。

同时，作为一位杰出的教育人，作为一位孩子的父亲，俞老师直言：感情是用时间换来的，孩子与父亲单独相处很重要。父亲要善于培养孩子的心情和性情，把孩子放出去，在巍峨壮观的大自然中培养宽广的胸襟。

“既要喜欢孩子又要让孩子懂规矩”，我的理解就是“严慈相济”吧！这是现代家长最难把握的。有的家长极力地树立自己的威严，倾向于“虎爸狼妈”型；有的家长则毫无原则地迁就，不敢对孩子说“不”，逐渐走向溺爱放任，让孩子为所欲为。都不可取！

两个小时悄然而逝，互动的环节极为热闹，问题也颇为尖锐，甚至触及教育的本质问题，例如城乡差别问题、教育公平问题以及教师素质问题等。

“教育好了父母就教育好了孩子”，这就是广州市妇联家长讲堂的目的所在，这也是每一所家长学校的目的所在。

感谢能有这样珍贵的学习机会！

迎新的日子

今天是新生及新生家长培训的日子，对于我们来说，也是一个迎新的日子。我们会结识一批新的家长，会迎来一群可爱的孩子，虽说平常，但依然充满期待。对于家长来说，期待是一定的，但同时也不无担忧、焦虑，面对孩子真正的学习时代的开始，自己和孩子的角色该如何调整，短期内能适应吗？孩子喜欢学校吗？能和同伴建立良好的关系吗？老师会不会喜欢自己的孩子……孩子们又会有怎样的想法呢？这所学校好玩吗？课室漂亮吗？老师严不严厉……

这一天，是关键的一天。

虽然只有八十几位孩子，但我们还是按照惯常的做法，把他们分成了四个培训小队，每个队二十人左右。在老师的指挥下，家长和孩子排成了四路纵队，依次上楼，到达指定课室。老师组织孩子们有序坐下后，热情洋溢地开始了欢迎仪式，一天的培训课程就此拉开序幕。其中有自我介绍，有认识校园，有校园礼仪，有队列训练，有特长展示，有故事会……希望通过这一天，能激发孩子们对学校和老师的喜爱之情，增进同伴之间的熟悉感，初步建立校园规范意识，为孩子们更快地适应小学生活打下基础。

家长们则集中在学校综合教室，几乎每一个孩子的爸爸妈妈都来了。看到爸爸们喜滋滋的样子，我感到很欣慰，爸爸们果然行动起来了，电视节目《爸爸去哪儿》功不可没吧！

培训由副校长李永珍主持，介绍完学校行政班子后，家长们开始观看学校制作的视频《校园礼仪》，对学校的一日常规有了直观的印象，以便于在暑期配合学校对孩子进行指导。接下来由副校长周燕萍对学校办学历史、师资队伍、硬件设施、所获荣誉等进行介绍，建立家长对学校的初步感知。

最后上场的是我，在一段简短的开场白之后，进入正题——《小学一年级入学不适应及对策》。我根据历史案例，阐述了新生入学初期几个常见的问题，且对其原因进行分析。重点讲述的是如何做好开学前的准备，包括物质上的准备、心理上的准备以及生活、学习、行为上的准备。

下午，广东省家庭教育促进会理事、《孩子》杂志社主编祁丽珠为我们的新生家长献上了一场精彩的演讲《今天，我们怎样做父母》。祁主编旁征博引，娓娓道来，不要说新生家长了，就连我这个老家长也甚为感慨。最后我用了十二个字来概括这场演讲：热情洋溢、感人肺腑、引人深思。虽然祁主编的演讲只有短短的一个小时，但信息量颇为丰富，充满正能量，很接地气，既在教育理念上给了家长科学的引导，又在具体行动上提供了可供借鉴的方法。譬如阐明了孩子的幸福比分数重要、家长是孩子的镜子、家庭氛围是最好的教育资源等观点，直抵目前家庭教育中最现实而又最尖锐的问题。

不用回收反馈意见，听到家长离开时的一声声“谢谢”，就可以知道培训的效果。

活动结束后，孩子们都是喜滋滋的。目送着大大小小的身影轻松、欢快地离开校园，我和同事们都欣慰地松了一口气，可以过一个踏实的暑假了。

家长学校，坚持的理由

2003 年 8 月，我来到担任校长的第一所学校，当时这是一所名副其实的城中村学校。除了校门朝着猎德大道，其余三面都紧邻村居。透过窗户，村民家里摆放的家具清晰可见，吵架的声音、锅碗瓢盆碰撞的声音不绝于耳，孩子们常常被炒菜的油烟呛得喷嚏四起。我觉得这是我改变不了的，只有容忍，久而久之，竟然习惯了。

无法容忍的是，开家长会时家长穿着拖鞋踢踢踏踏地迈进校园；老师为孩子进行课后补习时，在外面等候的家长极不耐烦，骂骂咧咧。听得更多的是老师们的抱怨和委屈，老师们的抱怨集中在：①家长不配合教育，把孩子交给学校就撒手不管了。②家长不注重个人修养，带给孩子不良示范，导致孩子沾染坏习气，养成不良行为习惯。③家长经常在家里打麻将，没有为孩子营造一个好的学习环境。一个问题孩子背后就是一个问题家长、一个问题家庭。这些问题从家庭影响到学校，老师的教学难度可想而知。

要教育好孩子首先要教育好家长。作为校长，为教师扫清“障碍”，获得支持责无旁贷。沟通从心开始，我相信只要以诚相待，以理服人，现状是可以被改变的。

于是，我注重内外兼修。内，是对老师们提出要求，要求老师们改变沟通的方式，改革家长会的形式，多分享，多帮助，少告状，建立起和家长之间的信任，让家长了解和理解老师的工作和用心，相信精诚所至金石为开。外，是增进家长的了解和提高家长的素质。首先是在全校家长会上一一历数老师的敬业精神和良苦用心，触动家长，激发家长对老师工作的理解，多次强调家长和老师的关系应该是朋友，因为彼此的目标都是一致的：一切为了孩子。其次是分年段对家长进行培训，通过案例引发家长对家庭教育的高度重视，理清家长和老师的责任，习得科学的教育理念。最后是每学期进行两次集体家访，切实帮助有需要的家庭和孩子。

初始阶段，每个年级的培训都是由我亲自主讲。后来，逐渐引进了市、区家庭教育促进会的专家和关工委的老同志。

2006年，学校开展“小学生礼仪习惯养成”的课题研究。我们通过“小手拉大手”的各种活动，在教育孩子的同时也让家长受到教育，潜移默化地改变家长的行为。

最让人难忘的是，一位家长来接老师留下辅导的孩子的时候，一再让孩子对老师表达谢意，还一边往后退一边道别。一位过去总是阴沉着脸的家长，终于能够和颜悦色了。一群闹着要换老师的家长，也被我的坚定和真诚打动了；我维护了任教老师的尊严，那位老师很感激，用行动报答了我对她的信任。最为欣慰的是，每次遇见那位领头“闹”的家长，她都会主动、热情地向我问好。家长的改变更加坚定了我的信心！

“有了家庭教育，学校就不再是孤军作战了。”是的，不仅障碍消除了，家长还成了合作伙伴。

当时的家长学校完全处于一种随意性状态。随着政府对家长学校的重视，我们有了更多的思考。于是，有了每年一次的家长开放周，有了亲子实践活动，有了新家长学校，有了系统的课程，有了优秀的师资，有了完善的管理……有了今天的广州市示范家长学校的荣誉。

为了老师，为了孩子，我们将一如既往地坚持！当然，不仅仅是坚持！我们还会做得更好！

站在新的制高点

2014年9月30日上午，由广州市妇联和广州市教育局组织的专家组对我校选树示范家长学校进行了验收。作为前期的培育单位，我们已经胸有成竹，但是我们不自满、不懈怠，而是以更高的标准来要求自己，努力将每一项工作做到最好。事实证明，我们做到了。

验收小组通过听取自评报告、查阅资料、查看现场等环节，形成了对我校家长学校的评估意见。组长万华老师给予我极高的评价，称从没有对任何学校、任何校长有过这么高的评价，我甚为感动。我知道，我距离教育专家还有遥不可及的距离，但是，我会朝着心中的目标砥砺前行。

专家组对家长学校与学校办学理念的融合、丰富多彩的亲子活动、多元的教育教学载体、课题引领的内涵等给予了充分的肯定，盛赞我校家长学校扎实、高效、亮点纷呈，完全具备“四有三优二突出一示范”的特征。对于专家组的高度评价，我和老师们既受宠若惊又感到十分骄傲，因为我们是充满热情去做的，是带着责任去做的。但是，我深深地知道，能有今天的亮点纷呈，得益于“高人”的指点：首先是评选百优家长学校时专家组提出的指导意见，其次是去年验收小组对学校毫不吝啬的帮助，最后是今年五月选树示范家长学校培育对象时市妇联少儿部部长许东雨和邢处长提出的宝贵意见。每一次的意见都激发我们思考，每一次的意见都让我们的行为更加优化。而这期间我们仍然在吸纳智慧，譬如蒋亚辉主任的悉心点拨，譬如卢琳副书记的高屋建瓴，譬如王丹科长的细致入微。我想，少了其中之一，我们的成绩都会大打折扣，黯然失色。

今天，我们已经站在更高的起点，我们注定要走得更远。

81 中学的校长郑飞卡代表验收小组专家除了对我们表示了肯定，还为我们指出了未来发展的路径，在个案研究、创新和特色、国际化标准等方面给我们提出了新的要求。我心中充满了感动、感恩，这不仅是一次验收，更是一次难能可贵的学习机会。

目送验收小组离开后，依然激动和喜悦的我们根据专家们的意见即刻规划了下一阶段的行动：

第一，继续完善个案指导。专家组提出我们在个案方面还有发挥的空间，包括特殊家庭指导的方式，除了我们常用的面谈，还有电话联系、亲子活动、网络平台等。此外，对于分类的方式还可以创新。比如，将流动儿童分为一类，学困生分为一类，单亲家庭的孩子分为一类，这样更具有针对性和专业性，有利于总结经验，提炼成果。

第二，进一步总结和提炼“创新”与“特色”。我校的家长学校亮点纷呈，颇有特色，独具创新。对于特色要进一步提炼，用简洁的语言去概括，就是让它具有强烈的冲击力和标识性。例如，目前学校“美行”办学理念的重要标识是“礼”，除此之外，“美行”的标识还可以继续挖掘。

第三，追求国际化标准。在国内的家长学校中，我们已经是佼佼者。但是，我们国家的家长学校远不如国外的家长学校。我们要以国际标准来要求自己，学习和研究外国一些学校的先进经验，力争在全国起到示范引领作用。

第四，成立骨干教师队伍。在教师中，尤其是在班主任中物色骨干，成立一支专业的、固定的家庭教师队伍。每一位骨干教师都有自己的研究方向或研究主题。

要做到以上四点，其实并不是一件难事，难的是要扎扎实实地做下去。正如毛泽东所言：一个人做一件好事不难，难的是一辈子做好事。

家长的力量是不可低估的，社会的力量是难以穷尽的。作为学校要让孩子得到更好的发展，要为孩子提供更多的机会，就应该发挥家长的力量，凝聚社会的力量，构建“三结合”教育网络，形成和谐有序的环境。家长学校所发挥的核心价值不就在此吗？

路漫漫其修远兮，吾将上下而求索。登泰山而小天下，站在新的制高点，清晰地认识了自己，也看到了诗意的远方！

家长学校建设的思考与行动

家长学校的作用已经不用再质疑了。但是，如何建设家长学校，如何高效地发挥家长学校的作用，依然让许多学校感到困惑。

其实，理解了家长学校的内涵，家长学校的规划和建设等问题也就迎刃而解了。

家长学校和学校最本质的区别在于学生的身份不同。拿小学来说吧，家长学校的服务对象是小学生的家长，而学校的服务对象是具有正式学籍的小学生。

但是，家长学校既然是学校，就有学校的本质属性。比如：办学理念、课程设置、教学方式、师资队伍、评价手段等。

正是基于这样的思考，我们的家长学校朝着规范化、示范性的道路一路前行。

一、聚焦学校文化，发挥引领作用，育人理念达成共识

2010 年，学校提出了“昭善明礼，美道正行”的“美行”教育理念，以“美德、美心、美行”为校训，培养“德美、心美、行美”的“美行”小公民。

2012 年，我校被评为广州市百优家长学校。以此为新的起点，我们将“美行”教育的办学思想植入家长学校，提出“美行家校，和谐共育”的理

念，旨在向家长传递先进的教育思想，树立正确的教育理念，掌握科学的教育方法，和学校一起为孩子创设“美行”成长环境，实现家长学校以文化推动学校核心文化的价值。

学校建立了校长负责制的校务委员会，负责家长学校日常的工作，宣传“美行家校，和谐共育”的理念，制定家长学校章程，定期研究家长学校发展道路，完善家长学校制度，组织教师参加各类培训，广泛征求家长学校建设的各种意见，编写教材、家长手册、评价表格，策划活动，做到组织科学、精细，教学有序、高效，体现了“美行”管理思想。

二、构建系列课程，突出重点难点，育人方法精细科学

学校定期开展家庭教育现状、问题、家长需求的调查研究，遵循跟踪老问题、发现新问题、了解热点问题的思路，依据《全国家庭教育指导大纲》，构建了班级课程、年级课程和校级课程。课程内容遵循各个阶段孩子的年龄特征和发展规律，旨在健全个性的培养、养成各种习惯、指导学习方法、营造教育环境、形成良好品德等。例如“青春期教育指导”“做合法的父母”“如何激发孩子的学习兴趣”“阅读习惯的培养”……与“美行”教育一脉相承。

（一）突出重点：新家长学校为家长导航

经过多年的调查和实践，我们根据现代家长面对孩子入学出现的焦虑、我校家长素质参差不齐的状况以及一年级新生入学适应不良的事实，完善了新家长学校（一年级家长学校）建设。新家长学校在暑假第一天即拉开序幕，家长全天参与培训。第一讲由校长亲自授课，主题是“小学生入学适应不良及对策”，指导家长如何利用暑假实现角色转换，做好心理和物质准备。孩子则在课室活动，提前感受小学生活，实现幼小衔接。开学后每个月安排一次家长培训，一年内有 8 ~ 10 次专题的学习与交流活动，由优秀班主任组成的骨干教师讲师团、优秀家长组成的家长讲师团、省市专家和社区人员组成的专家讲师团和北大妈妈讲师团为家长授课。风格迥异的授课方式，受到家长的欢迎。我们还设计了《新家长学校手册》，便于家长记录和反思，也便于学校对家长的出勤管理和学习评价。

班主任还像其他年级老师一样，为家长推荐书籍、复印阅读资料，建立班级 QQ 群、微信群，分享家庭教育文章，及时解答家长的困惑。此外，还将

孩子一日的学习、生活照片上传，让家长“亲眼”看到孩子上课、课间活动、午休时的表现，消除家长的担忧。

（二）抓住热点：“爸爸在行动”提高父亲参与的积极性

家长学校善于抓住教育热点。在社会热议“虎爸狼妈”、奥数学习、在家上学、网络游戏等问题的时候，我们通过 QQ 群和现场辩论引发家长讨论，让家长们更为理性地看待家庭教育，树立正确的育儿观。

2014 年初，《爸爸去哪儿》的热播无疑是对“父教缺失（位）”的拷问。“父教缺失（位）”在我校也是一个突出问题，由于爸爸生活压力大和受传统思想的影响，教育孩子的主要责任落在妈妈身上，参与学校活动的几乎都是妈妈们。基于此，我们设计了“爸爸在行动”系列活动，通过两个父亲专场报告、“给父亲点赞”、中山大学社工组织的“爸爸，我们聊一下”家庭联谊会、端午亲子活动、观看孩子表演、校长约谈单亲妈妈、普通家庭和单亲妈妈家庭联谊等活动，促使家长认识“父教缺失（位）”的危害，提高父亲参与的意识。学校还将感人肺腑的“父亲感言”印发给每一个家庭，让每一位父亲再次深切地感受到孩子最真实的心理需求，认识到父教和母教一样不可替代，促使父亲更多地参与到孩子的教育中，做“美行”父亲，用科学理念教育和影响孩子，培养自信、宽容、健康的“美行”少年。

（三）突破难点：关注问题儿童的家庭教育指导

一个问题孩子的背后一定有一个问题家庭！所谓的“问题”是多种多样的，有的孩子存在学习困难，有的表现为行为障碍，有的生活在流动人口家庭、单亲家庭，有的在高年级时呈现出早恋倾向、暴力倾向……学校为他们建立了家庭联系表，利用家访、电话联系、学校约谈等方式进行个案跟踪，特殊地对待有差异化的家庭教育问题，及时提供帮助和指导。例如五年级（2）班一个随父亲生活的单亲孩子，通过老师与其搭建母子沟通的桥梁，心理和学习都得到了较大的改善。我们的宗旨就是要让每一个孩子健康成长，成为“德美、心美、行美”的“美行”小公民。

三、强化课题引领，拓展家校活动，育人载体立体多元

（一）课题研究引领

2006 年开始，学校提出了“以德育人，以礼育德”的德育思路，先后开展子课题、市重点德育课题“小学生礼仪习惯培养研究”（2009）和省课题“小学生礼仪习惯养成创新与发展研究”（2011）。通过文本阅读、专题报告等形式，组织教师和家长、学生培训，共同学习礼仪规则，领会习惯养成的规律，参与“礼仪存折”评价活动和“礼仪棋”游戏，形成学校、家庭联动，家长、孩子互助的氛围。

2011 年，学校开始了“家校合作式小学生礼仪习惯养成”研究，且成为国家级课题“学校、家庭、社会共育模式研究”示范学校。课题组先后策划了“家庭三人行”“四人互助”“共赏礼仪视频”“$1+x$”等活动，以礼仪教育辐射家庭美德，实现“美行”学校和“美行”家庭双赢。

研究和实践促进了学校德育工作整体提升，且形成了“三纵”“三横”的德育网络，具体步骤如下所示：

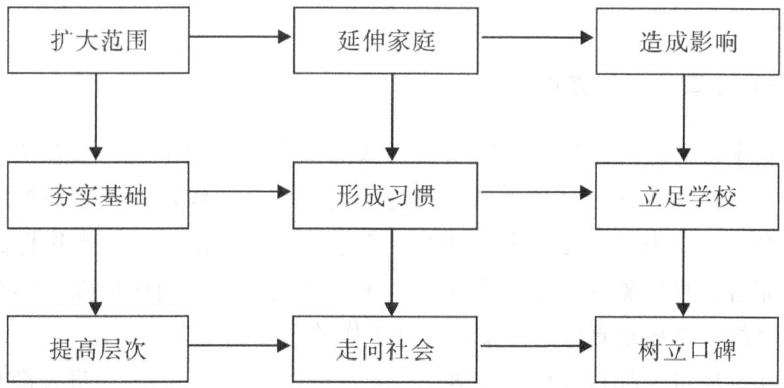

学校的 11 篇征文先后获得全国一、二、三等奖，课题阶段成果两次在全国课题研讨会上被宣读。2014 年 4 月，我校中期研究报告被评为全国一等奖。2013 年 5 月，德育副校长的论文《家庭教育中儿童礼仪培养的误区及分析》获市论文评比二等奖。这些研究成果不仅有助于孩子礼仪习惯的养成，有助于“美行”校园的创建，也为家长学校建设提供了宝贵经验。

（二）亲子活动丰富

为了让教育活动“有用、有理、有趣”，以加强亲子之间的沟通，多年来，学校陆续开展了丰富多彩的亲子活动。如，亲子运动会、亲子课堂、家长开放周、亲子同台文艺演出、亲子手抄报等。尤为值得一提的是“与美同行，好书相伴”系列读书活动，包括“亲子阅读”“走进经典浸润人生”、好书推荐、书香家庭评比等活动，倡议家长和孩子们每天阅读半小时，由家长写下亲子阅读的感受，共同分享。

亲子阅读还从校内拓展到校外，从书本拓展到社会。2013 学年，学校开展了“与美同行——小眼睛，大阅读亲子综合实践活动”，指导家长利用节假日带领孩子参观场馆或风景名胜，且在参观前共同做好选择地点、确定路线等准备工作，在参观过程中文明守礼、遵守规则，参观后用各种形式表现活动成果，最后孩子和家长对对方的表现进行评价。有的是全家出动，有的是几个家庭联合行动，甚至还有家委会邀请班主任参与。活动不仅开阔了家长和孩子的视野，而且在共同体验历史、文化、风景的过程中彼此影响，有效沟通，体验亲情。

四、赢得丰富资源，发挥示范作用，育人环境和谐有序

（一）丰富的家长资源

家长学校搭建了家校合作的平台，激发了家长参与学校、服务学校的意识，家长由单纯地参加学校活动，变为主动策划、组织活动。家长把成立班级家委会，自主组织、参加家长沙龙、亲子体验、互助联盟等当作提高自身素质，完善自身形象的需要；当作与孩子交流的需要；当作加强与学校的联系，积极配合学校认真做好子女的教育工作的需要。

现在学校每天都有家长在上学、放学时担任“安全卫士”，每天都有家长看管孩子午休，每周兴趣活动都有“家长教师”，每学期都有家长对学校管理献计献策。此外，国旗下讲话、图书室管理、招生咨询、录像拍摄、组织家庭植树活动、参与义卖活动，甚至出境表演时，都有家长提供后勤服务……他们以自己的行动诠释“美行家校，和谐共育”的理念，感受奉献的幸福。

省妇联送戏下校那天，学校教师几乎都在进行校本培训，全校的孩子在家委会的组织下气氛热烈而秩序井然。区妇联领导对此给予了高度评价，连

称“美行”教育成效显著！

（二）丰富的社区资源

当时学校地处 CBD 地带，周边资源丰富。学校先后邀请省、市检察院及关工委领导、银行职员、中学领导、区关工委成员、中山大学社工等走进校园，为家长学校授课，协助家长开展亲子活动，弥补学校资源的不足。

（三）发挥辐射示范作用

家长学校多次与街道妇联联合举办活动，邀请周边单位共享资源。外区家长也慕名而来，共同探讨育儿之道。例如，邀请附近幼儿园家长、楼盘家长参与“党员进社区”家长培训活动。学校乘着“三八妇女节”的东风，开展了“好妈妈、好老师、好朋友”的讲座与咨询，街道社区家长济济一堂。

家长学校工作备受区妇联、区教育局肯定，学校多次被推荐为广州市创建全国文明城市备检单位，德育副校长多次在全国课题研讨会和全区德育工作会议上交流家长学校办学经验。

家长学校，不断推动家长教育素质的提高，不断推动健康和谐的家校关系和亲子关系，不断丰富学校、社区、家长“三结合”模式，为孩子创造良好的教育环境，为学校擦亮办学品牌。

家长学校，可为？可为！

2015 年 2 月 17 日上午，中共中央、国务院在人民大会堂举行 2015 年春节团拜会，习近平总书记发表重要讲话时强调“家庭是社会的基本细胞，是人生的第一所学校。不论时代发生多大变化，不论生活格局发生多大变化，我们都要重视家庭建设，注重家庭、注重家教、注重家风，紧密结合培育和弘扬社会主义核心价值观，发扬光大中华民族传统家庭美德，促进家庭和睦，促进亲人相亲相爱，促进下一代健康成长，促进老年人老有所养，使千千万万个家庭成为国家发展、民族进步、社会和谐的重要基点”。这是中国历史上国家最高领导人首次如此郑重其事地强调家庭和家庭教育的重要性。

2015 年 11 月 10 日，颁布了《教育部关于加强家庭教育工作的指导意见》（以下简称《指导意见》）。《指导意见》从家庭教育的意义、家长在家庭教育中的主体责任、充分发挥学校在家庭教育中的重要作用、加快形成家庭教育社会支持网络、完善家庭教育工作保障措施五个方面进行了清晰而深刻的阐述，明确指出要强化学校家庭教育工作指导、丰富学校指导服务内容、发挥好家长委员会的作用、共同办好家长学校。这也是教育部首次对家庭教育专门发文，凸显了教育行政部门对家庭教育的重视。

我作为一校之长，自然要做出反应。其实，家庭教育做好了，学校就有了教育的同盟军；家庭教育做好了，校长和老师就有了拥趸者；家庭教育做好了，学校的发展就能更为顺畅地进入优质、快速发展的轨道。

家长学校一直是学校指导家庭教育的平台，创办家长学校也是市妇联极为重视的一项工作。过去近十年的时间，市妇联组织评选了 440 多所广州市优秀家长学校，以此促进了家长学校的建设。自 2012 年开始，在优秀家长学校的基础上每年遴选出 30 所示范家长学校，推进家长学校走上了内涵发展、特色发展、可持续发展之路，涌现了一批品牌响亮、辐射性强的家长学校，可以说我市家长学校的水平已经达到了巅峰状态。在市妇联推出的巡礼家长学校活动中，每一所学校都是亮点突出、精彩纷呈。

我校是 440 多所广州市优秀家长学校之一，截至 2015 年连续 4 年荣获此称号。本学年，示范家长学校这一目标已经列入学校议事日程，列入学校的年度计划。自 2015 年 9 月开始，学校陆续开展了多次的家长学校课程，例如一年级每月一次的家长培训，二、六年级家长培训，全校家长培训，校级、班级家委会成员培训，校级家委会成员培训……此外，《指导意见》出台后，学校及时印发给了每一位家长；向家长赠送自编的《学吧，学爸》小册子，开展了多次家长进校园的亲子活动。从反馈的信息来看，家长是很热衷于参与这些活动的；从家长的《指导意见》《学吧，学爸》的读后感看来，家长的家庭教育素养正在逐步提高，他们已经意识到家庭教育、良好家风是孩子成长的关键因素，意识到要不断更新观念、掌握科学的教学思想和艺术的教育方法，陪伴孩子健康成长。

当然，示范家长学校的评选只是一种手段，真正的目的在于切实为家长着想，增进家校合作，帮助家长释疑解难，促进孩子们健康发展。

家长学校的途径是多样的，家长学校的模式也是丰富的，要把有意义的事情做得有意思，这是对家长学校的挑战，也是对我的挑战。

课程是家长学校建设的核心，我们将通过调查问卷了解家长的需求、困惑和兴趣点，结合学校的培养目标设置相应的内容，然后通过丰富的形式去实施，最后通过数据统计来检测课程设置的效果。我们还要主动联系社区，一是争取社会资源，引进社会资源为家长学校服务；二是为社区提供资源，让更多家长受惠，推动家庭建设和良好家风建设；三是要继续开展好“父亲参与”的课题研究，设计“爸爸在行动”的活动，促进父亲的参与，解决家庭教育甚至是社会的热点和难点问题，且要探索规律，为兄弟学校提供有价值的资源。

当然，我作为一校之长亦要不断学习，要吸纳优秀的家庭教育理论，掌握更多儿童心理发展理论，深入了解现代教育思想，广泛搜集丰富、鲜活的案例……

任重而道远！但我们已然在路上。家长学校，大有可为！

父母共亲职

心遂人愿！

盘算着本学期要给家长们讲讲家庭生态、夫妻关系对孩子健康成长的影响，只是一直没有找到合适的人选。我当然也可以讲，但总觉得我在家长们心目中更多的是一校之长，而不是一个家庭教育专家。一个职业的家庭教育专家更能让人信服。当《孩子》杂志社主编祁丽珠告诉我，想要邀请一位中国台湾来的专家为我们家长讲“亲职教育”课时，我心情激动，我不知道祁主编是否会觉得我应承的语气过于夸张。

来自台湾的谢慧燕老师是家长们喜爱的家庭教育专家，现任台湾爱家生命教育协会北部区域办公室主任，是中国红十字会心灵阳光工程“生命素质教育”课程特邀专家，还是北京新东方教育集团家庭教育发展顾问，曾经是台湾资深说故事与读书会带领人，广州少年宫生命教育培训讲师……当然，所有的头衔都不重要，重要的是她的课能打动你，能给你带来思想上的启迪，能帮你解除郁结的困惑。

她温婉美丽，和我印象中的台湾同胞完全一致。她讲起课来娓娓动听，极具感染力。坐在第一排的我扭头看去，家长们甚为专注，没有人交头接耳，没有人玩手机。整个会场的每一个人都被她紧紧抓住，深深吸引。

“生命中最重要的三种爱：父母对孩子的爱，孩子对父母的爱，罗曼蒂克的爱情。这三种爱都在一个地方相遇，那就是家。”这样的开头话语不疾不徐，似乎在聊家常，一下子就拉近了与听众的距离。

家庭的角色其实很简单，夫妻—孩子。谢老师用了几句话，准确、生动地表述了家—夫妻—孩子之间的关系：生命是漫长的岁月，家就是一个不断有新的问题产生的地方；夫妻一定要结成合伙人，形成联盟体；夫妻就是天地，父亲是天，母亲是地，孩子要有天有地；家长一定要给孩子安全感，有了安全感，孩子才有能力去面对挑战。她用非常浅显的一个案例“要不要穿外衣”来阐释“共亲职行为的表现”。支持的共亲职行为表现为：共同行动、重复、补充、要求协助成功；而不支持的共亲职行为表现为：要求协助不成功、情绪性不支持、就事论事的不支持。前者让孩子觉得父母的“战线”牢不可破，有利于父母彼此威信的建立；后者让孩子觉得可以不必理会其中一方，导致父母威信下降，教育失效。

对于孩子犯错和青春期问题，谢老师更是结合自己三个孩子的成长经历，尤其分享了如何帮助不善言辞的男孩子面对青春期的内心冲动和情感澎湃：抓住机会坦诚沟通、充分地理解和尊重。谢老师说，当亲职出现矛盾的时候，也就是检验亲子之间储蓄的情感是否够深厚并且能否提取出来的时候。对于冲突，一般父母的做法是当面指责孩子，背后埋怨自己。谢老师却让家长们学会坦然地接受：不要害怕冲突，孩子在家里要学会应对冲突，才更有利于将来的成长。正如学驾驶需要一个练习场，家给孩子提供了一个不断犯错、纠错，学会成长的练习场。“孩子有青春期，但是没有逆反期。青春期也有摔跤的时候，只是摔跤的方式不一样。孩子的青春期是生命中不可避免的，正如我们也有更年期一样。”不知听课的家长听到这句话有何感想，我的思绪反而飘出了片刻：如果当时我能意识到这些，我对孩子的青春期就会更加包容。还好，我们过去储蓄的爱足够深厚，所以没有引发巨大的矛盾。而且，当时我也善于听取朋友们的意见，善于反思自己的行为，使得矛盾冲突期大为缩短，更多的时候我们能够开诚布公地交流。由此看来，我们一味地认定青春期就是逆反期是多么的片面。

谢老师有一个幸福美满的家庭，她演讲中所提及的都来自自己的经历。对于维系婚姻的能力，她提出的四个观点必定能使每一位家长产生共鸣：对个人与配偶成长的承诺；能够互相了解的沟通方式；运用冲突以激发创造性改变的能力；创造并维系亲密关系的能力。她说，沟通是夫妻一辈子的需要。爱情必须转变为亲情，要让孩子知道父母是相爱的，这样孩子才会更有安全感。如果让孩子感觉到“我是来自有爱的家庭”，那么他的成长就不会有大问题。

父母都是孩子成长中不可或缺的角色，可是现实生活中孩子往往看到的是父亲的背影，抑或是父权主义下强势的父亲或者是强势的母亲旁边唯唯诺诺的父亲。缺位和错位都将导致家庭生态的不和谐，对孩子都会产生负面影响。对于此，谢老师点到即止，我却牢牢地握住了，用来作为我那“父亲参与”课题的补充资源。

讲到父亲的角色，也许是联想到自己将要嫁作他人妇的女儿，谢老师不禁为先生伤感。她描摹的西式婚礼中女儿挽着父亲缓缓前行，父亲将女儿的手放到另一个男人手中的情景，让我们无不动容。这位台湾资深说故事与读书会带领人，实至名归！

她的演讲在“亲子关系是第一个人际关系；人生第一个学校：家庭；人生第一个贵人：父母”的话语中戛然而止，宛如乐队指挥干脆利落的收束，听众却意犹未尽，依然沉浸在乐曲中。

一个小时就这样悄然而逝。

与谢老师相握，她的手是那么温暖；与谢老师相视，她的笑容是那么真诚；与谢老师相谈，彼此是那么愉悦。

只要心中有彩虹，只要家中充满爱，只要夫妻善于沟通，家庭教育就不会有问题。感谢这碗家庭教育的心灵鸡汤！感谢生命中美丽的遇见！

收获，满满的

——记 2015 年度广州市家长学校骨干培训

得知被邀请参加广州市家长学校骨干培训，我深感荣幸！一则可以聆听家庭教育专家的真知灼见，广泛而深入地吸纳家庭教育的理论和实践；二则可以结识我市优秀家长学校领军人物，获得宝贵的经验，为家长学校建设打开一片新视野，挖掘出新的思路。

和以往的任何一次一样，我们不虚此行，收获满满！

广州市教研院德育指导中心蒋亚辉主任为我们解读了《教育部关于加强家庭教育工作的指导意见》（以下简称《指导意见》），分享了如何用好《广州市家长学校工作指导手册》和《如何发挥家长学校示范作用》的报告。前半段我们重温了2015年家庭教育的大事。从国家层面而言，家庭教育的大事主要是习近平总书记关于家庭建设的重要论述。家庭是社会的细胞，家庭建设好了，良好的家风形成了，必定会推进社会的良性发展，这是毋庸置疑的。作为国家最高领导人能从全局的战略高度，深刻阐述家庭建设的地位、作用、目标、基本要求，这是前所未有的。

正是基于这种背景，《指导意见》应运而生。它具体地明确了家长的主体责任，明确了学校的重要作用，明确了社会资源对形成家庭教育网络的辅助功能，明确了政府完善家庭教育的保障措施。对于学校而言，这当然是应该拍手称快的事情。第一，家长能够清晰地树立责任意识，改善过去对家庭教育认识不到位的状况；第二，学校不再是孤军作战，而是拥有了更多的合伙人。

2015年家庭教育的大事，除了国家层面的“三个注重”和《指导意见》，地方层面的包括：其一，2015年5月印发了《广州市家长学校工作指导手册》；其二，2015年5月20日市妇联主办了家庭教育高峰论坛；其三，同年9月下旬第三批示范家长学校选树。

《广州市家长学校工作指导手册》是由市妇联组织、广州市教研院德育指导中心蒋亚辉主任牵头编写的，凝聚了许多人的智慧，我有幸参与了稿件的修订、讨论。这本手册涵盖了从幼儿园到高中阶段家长学校的创建条件，每一个条件都有对应的具体指标，简明易懂、易操作。这是广州市家庭教育的丰硕成果之一，在全国尚属首例，这也是广州家长学校建设能执全国之牛耳的标志！

在《如何发挥家长学校示范作用》的报告中，蒋亚辉主任从示范的要求、面临的挑战、示范的策略三大部分进行分享。

示范的要求，主要体现于“四有三优二突出一示范”。“四有”即有稳定高素质的专、兼职名师，有教材、成果展示，有微信公众号、QQ群等教育平台，有科研课题或创新项目。“三优”即整合资源优、教学管理优、教学效果优。“二突出”即办学特色突出、创新理念突出。“一示范”即在本地区乃至全市同类家长学校中能够真正发挥辐射带动作用。这些要求高度凝练和概括，实施起来有较大的难度。但是，我会带领我的团队矢志不渝地去追求。事实上，逐一对照后发现，我们学校大多数条件还是具备的，个别稍显薄弱，仍需在扬长的基础上补短。

讲到面临的挑战，屏幕上一一显示出教育定位问题、社会转型问题、社会融合问题、发展保障问题、质量提升问题、部门壁垒问题、市场规范问题……每闪过一个，现实中的种种画面便相应出现，把我们带入深层思考，使我们不由自主地生出责任在肩的感慨！

作为示范的策略，既有管理层面的，又有学校层面的。作为管理层面的策略，重在发现和扶持，主要体现在：典型的培育与扶持、先进的表彰与奖励、经验的拓展与推广、科研的引领与突破、制度的完善与创新……对照2014年示范家长学校的选树，感同身受。学校在上半年就被确定为培育对象，市妇联少儿部许东雨部长和邢处长亲临学校，提出了颇具价值的指导意见；评上示范家长学校后，市妇联对学校进行了表彰，颁发了牌匾，给予了资金奖励；学校的经验被汇编成册且在市妇联的微信平台上展示，作为校长的我还被邀请到佛、广两地家长学校研讨会上进行交流；市妇联每年都会选出一批科研特色项目执行单位，我所在的学校也在其中，且取得了亮点鲜明的成果；示范家长学校的权利与义务、遴选机制、督导机制、退出机制等将进一步完善。

作为学校层面的策略，蒋主任为我们提出了五点建议，分别是：①树立更强烈的社会责任感；②总结提炼推广示范性成果；③擦亮特色形成教育好品牌；④加强经验交流与校际合作；⑤用科研引领学校创新发展。这些建议为今后的家长学校工作指明了方向。

示范家长学校的创建不是目的，而是手段。其目的在于学校应该高位思考教育问题和社会问题，自觉地把自己当作推进家庭教育优质、均衡和创新发展的政策工具。具体来说，旨在推动学校树立责任意识，积极开展内容丰富的、形式多样的、特色鲜明的、卓有成效的活动，提高家长的家庭教育素养，营造良好家风，促进家庭幸福，助力孩子健康成长。在这个过程中，要通过示范来辐射、影响更多学校，同时提高学校的知名度、美誉度。我们周边，就有许多卓有特色的学校，譬如广州市天河区华阳小学、广州市荔湾区乐贤坊小学、中山市东区雍景园小学、东莞市大朗镇中心小学……它们都是家长学校的典范。当然，我们学校也有很多亮点，希望下一阶段能影响和辐射周边社区。

荔湾区是我市家长学校做得最好的一个区，在全国享有盛誉，曾承担国家级现场会活动。该区教育局代表为我们分享了他们的经验：领导重视，更新观念，探索家庭教育新思路；专家引领，科研带动，开辟家庭教育新路径；立足学校，面向全体，推进家庭教育新发展；拓展平台，弘扬正气，树立家庭教育新品牌。

美国的家庭教育是怎样的？孩子们真的很自由吗？家长们都不关注孩子们的分数吗？……越秀区瑶台小学的黄妙贤校长结合赴美教育考察经历，与大家分享了《美国家庭教育概况》。她的答案是：美国教育很重视家校合作与家庭教育；美国的家长也是非常关心孩子的成绩的，深夜一点仍在做课外作业的孩子也不少；美国人很重视利用一家人聚在一起吃饭的时间分享所见所闻。

这次培训，我们还聆听了三场讲座，分别是中山大学幼教系郭丽教授的《家庭教育的心理辅导方法》，广州电视台少儿频道的施红涛的《认识大脑，了解发育成长规律》以及心理教育专家冯德泉先生的《家庭教育的心理案例与解决》。冯老师的讲座让我想起了我们学校的那些“问题”孩子，其实不是孩子的问题，而是父母的问题。但是，学校又该如何指导和帮助孩子的父母呢？这是摆在我们面前的挑战，任重而道远！此时，我又想起了那句歌词“白鸽奉献给蓝天，星光奉献给长夜，我拿什么奉献给你，我的小孩？”

活动结束了，思路却在延伸、拓展，行动将更有热情和力度。感谢市妇联的精心安排，感谢专家们带来的能够触动心灵的报告！

我看家长意见征集

学期初，学校向家长发放了一份调查表，涵盖三个方面的内容：家庭教育存在的问题与困惑、对家长学校建设的建议、育儿经验的分享。调查的目的在于了解家长的需求，吸纳家长的智慧，提高家长学校的针对性和有效性，共同促进孩子的健康成长。

面对面前这一叠厚厚的调查表，我可是任何一张都没有放过，用了整整一个晚上，把三项内容按照年级分类，整理在一个表格中，便于阅读、对比、思考。

“家长学校调查表”分类汇总

年级	家庭教育存在的问题与困惑	对家长学校建设的建议	育儿经验的分享
一年级	1. 孩子做事拖拉、马虎，容易产生畏难情绪。如何培养孩子良好的学习习惯和生活习惯。 2. 孩子喜欢推卸责任，固执，不肯听从大人的指导。 3. 父母双方教育观点发生分歧，怎么办? 4. 学习积极性与学习习惯的培养。 5. 是否要检查孩子的作业? 6. 如何构建和谐家庭? 7. 什么才是孩子最好的发展方式?	1. 开展关于儿童心理和习惯形成的讲座。 2. 多让优秀家长分享经验。 3. 家庭教育的活动最好安排在周末。 4. 微信开设教育讨论平台。 5. 多请专家讲课，讲课时最好多分享一些正反面案例。	一年级学生的家长几乎一致地认为自己是学习者。
	8. 如何培养孩子阳光积极的心态? 9. 低年级学生以培养兴趣为主还是以填鸭式教育为主? 10. 让孩子自己做主、自由选择的度该如何把握? 11. 如何选择合适的教育书籍?	6. 多分享体育锻炼方面和安全教育方面的知识。 7. 推荐优秀育儿书籍。	
二年级	1. 孩子没有时间观念，做事效率低，写作业拖拉，缺乏好的学习习惯。 2. 孩子任性，不知如何与孩子沟通。 3. 如何提高男孩子的自信和阳刚之气。 4. 孩子自觉性差，喜欢看电视、玩电脑游戏。 5. 如何缓解孩子的学习压力，激发孩子的学习兴趣? 6. 孩子的兴趣与学校的学习如何平衡发展? 7. 如何找到孩子的特长，增强孩子的自信心。 8. 孩子对身边的事情很淡漠，以自我为中心，不懂得体谅别人。 9. 孩子的注意力不集中。	1. 多开展亲子活动。 2. 活动安排在周末。 3. 多举办家庭教育讲座。 4. 喜欢《学吧，学爸》，希望多提供一些与爸爸互动的平台。 5. 建议走进学生家庭，进行家访。 6. 开微信群语音分享或讲课。 7. 可以让习惯好的孩子家长分享教育经验。 8. 针对孩子的心理健康的问题举办讲座。 9. 定期开展开放日，家长和老师多交流。	1. 提高孩子的自理能力。 2. 培养孩子良好的个人生活习惯以及业余爱好。 3. 让小朋友在游戏中汲取知识，快乐成长。 4. 多与孩子沟通。 5. 交流关于少让孩子吃零食的经验。 6. 培养孩子良好的作息习惯和思维方式。 7. 每天早读 20 ~ 30 分钟。 8. 培养孩子的阅读兴趣。

（续上表）

年级	家庭教育存在的问题与困惑	对家长学校建设的建议	育儿经验的分享
三年级	1. 如何让孩子自觉、高效地学习？ 2. 孩子做作业速度慢，拖拉。 3. 怎样教孩子对待朋友？ 4. 孩子撒谎怎么办？ 5. 社会上的不良信息太多，冲淡家庭和学校教育，孩子难以养成好习惯，怎么办？ 6. 品德、课外兴趣与学习如何平衡？	1. 多开展参观活动、亲子活动。 2. 分年级进行专题讲座，互动辅导。 3. 有经验的家长多分享教育经验。 4. 建立家访制度。 5. 开展儿童心理专家咨询活动。 6. 学校应教育孩子感恩，因为家长的教育没有老师的教育效果好。	1. 作业辅导、周末规划。 2. 引导孩子分析问题、解决问题，孩子能做的事，让其独立完成。 3. 艺术培养与学习方面的平衡。
四年级	1. 孩子学习习惯欠佳，学习兴趣不高，做作业拖拉。 2. 孩子做事丢三落四。 3. 孩子行为控制力、专注力差，容易产生畏难情绪，脾气大，不听大人的话。 4. 与老人同住，教育上存在不同意见，分歧大。 5. 如何培养孩子的自信心？ 6. 孩子过于追求完美，如何培养孩子平和的心境？ 7. 孩子喜欢玩手机，如何控制？	1. 多开展亲子活动。 2. 系统性学习，多开展专家讲座，多举一些典型的案例。 3. 几个家庭在一起学习与交流。 4. 教育孩子学会感恩。	1. 督促孩子做作业。 2. 绘本亲子阅读。 3. 与孩子进行沟通。
五年级	1. 孩子做事拖拉，不自觉，没有时间观念。 2. 如何培养学生的兴趣或特长？ 3. 孩子玩网络游戏如何控制？ 4. 孩子自制力差，做事缺乏计划性。 5. 孩子学习主动性不够，缺乏责任心。 6. 孩子“叛逆”，家长该怎么办？ 7. 不补习无法升上好的初中，但孩子学习负担很重。 8. 内心怜爱与严格教育产生矛盾，如何把握？	1. 多开展亲子活动（感恩教育、书信往来、亲子联谊）。 2. 多开展专家讲座。 3. 针对不同学生的家长进行交流、沟通。 4. 向家长推荐有关书籍或文章。 5. 希望人人都能参加学校活动。 6. 充分利用信息化手段，加强沟通，普及育儿知识。	1. 亲子情感。 2. 孩子的兴趣培养。

（续上表）

年级	家庭教育存在的问题与困惑	对家长学校建设的建议	育儿经验的分享
六年级	1. 培养孩子良好的学习习惯很困难。 2. 孩子学习兴趣低。 3. 孩子做作业拖拉，学习不主动，动作慢。 4. 孩子不愿意和家长沟通。 5. 电子产品的控制。 6. 培养孩子的逻辑思维能力与动手能力。	1. 多开展亲子活动。 2. 让家长们之间有更多的交流。 3. 多开展专家讲座。 4. 活动时间安排在周末。 5. 希望更多家长参与活动。 6. 跨年级的家长参与的沙龙活动。 7. 加强对孩子的感恩教育。	1. 让孩子学会独立。 2. 培养孩子学习兴趣及学习习惯。 3. 关于亲子沟通。 4. 好习惯对成绩的影响。 5. 让孩子学会独立地完成作业。 6. 两个孩子的教育问题。 7. 阅读兴趣的培养。 8. 萨提亚亲子理论分享。

表格中每一项内容的顺序基本都是按照频次的多少来排列的。通过比较至少可以得出以下结论：

首先不论是低年级还是高年级的孩子，做事（做作业）拖沓，不会合理安排时间都是家长普遍头疼的问题；其次是学科学习与课外特长如何平衡的问题；最后是如何与孩子沟通？如何让孩子适度上网？如何培养孩子的阅读兴趣？如何培养孩子的专注力？如何培养孩子的感恩、责任、自信等品质？这些问题不仅家长应该破解，作为学校教育者的我们也应该反躬自省，学生出现的种种问题，其原因何在？作为学校教育者的我们是否也应该承担一定的责任？尤其是每一个年级最突出的问题都是一致的，皆可归结为学习兴趣和学习习惯的培养。试问，学生为什么做作业拖沓？试想，如果孩子对学习充满热爱，他会迟迟不愿意完成作业吗？如果作业是吸引孩子的，他做作业会像喝中药一样难以下咽吗？习惯重在家庭养成，品德重在家庭塑造；而学习兴趣的培养、学习动机的激发，学校、教师应该多一些担当，这是学校应该研究的课题。

家长们几乎一致地对家长学校充满期待，六个年级的家长们基本达成共识，希望学校通过亲子活动、专家主题讲座、家长分享、推荐书籍阅读等方式来系统提升家长们的家庭教育素养。家长们纷纷建议能有更多案例、更多互动，此外还建议活动时间安排在周末。

有经验的家长不吝分享，教育资源就在其中，智慧的家长大有人在。对照着表中的每一项内容，所有的问题都将迎刃而解，所有的建议随时都可以实施，因为“育儿经验的分享”一栏给了我启发。有的家长提出“孩子的兴趣与学校的学习如何平衡发展”，四年级（1）班张莉昕妈妈就愿意分享“艺术与学习方面的平衡”；有的家长提出“孩子不愿意和家长沟通”，六年级（2）班李晓旭爸爸恰恰就在“关于亲子沟通”方面有心得……专家就在我们身边，藏龙卧虎的班级不可胜数。瞧，夏子添爸爸要分享萨提亚亲子理论，这位爸爸一定不一般！

接下来的时间，学校必须深思熟虑，谋划、运筹，充分合理调动资源，真正做到“你的困惑，我的思考；你的经验，齐齐分享”，有的放矢，帮助家长、成就家长，为孩子们的健康成长与精彩人生护航！

漫谈式——家庭教育分享及咨询活动

2016 年 6 月 3 日下午 3 点 30 分，当我和谭大姐走进会议室的时候，会议桌的两旁已坐满了等候的家长。见我们进来，热烈的掌声立即响了起来。

短暂的寒暄后我说明了此次座谈的用意，一是聆听专家关于孩子成长过程中的经验，二是提出自己在教育孩子过程中的困惑和感触。

为了让北大妈妈谭大姐了解家长的“已有认知”，我先提了两个问题：第一是小学阶段，孩子成长的过程中，父母最应该关注的是什么？第二是希望孩子有怎样的未来或成为怎样的人？

对于第一个问题，家长纷纷表示，是习惯养成，是兴趣培养，是品德形成……

对于第二个问题，有位妈妈率先作答：“我希望我儿子能进联合国，这是孩子的梦想。”后排的一位妈妈说：“如果是一个女儿，我希望她像郑校长一样优秀；可惜我的是个男孩，我希望他成为国家栋梁。”距离我最近的一位爸爸说：“我希望孩子成为一个正直的人，懂得感恩。”

谭大姐是一位优秀编辑，曾经多年担任《家庭》杂志主编，也是享誉国内的《孩子》杂志的创办者，还是广东省幸福家长促进会的秘书长。我和她的相识，缘于我们有一个共同的身份——北大妈妈。她虽然早已离开教师岗位，但是由于杂志，她一直在和家长与孩子打交道，因此对教育有着深刻的认识。

谭大姐先聊了自己在做主编时对属下说的一句话：“永远比读者快半步。为什么是快半步而不是快一步？因为我们不能和读者同步。如果同步了，我们就引领不了读者，发挥不了我们的作用；如果比读者快一步，读者就跟不上我们的思想，看不懂我们的东西。”中山大学哲学系毕业的谭大姐就是这么有思想。

教育的两个误区，一是认为孩子交给学校，父母就不用管了；二是父母过于关注孩子。

谭大姐从陪伴、身教、沟通、规划四个方面分享了自己的教育经验。

陪伴能给孩子安全感，能让孩子感受到家庭的幸福。那陪伴是不是就是一直守候在孩子的身边？谭大姐说：“陪伴不是时间的问题，我们给予孩子的陪伴应该是高质量的陪伴。”她说自己从来没有陪过孩子做作业，仅仅是在孩子的作业上签名，且按老师的要求注明完成作业的时间。她还跟家长们分享了女儿长大以后念念不忘的最温情的一幕：女儿中考前，晚上关上门在房间复习。八点半左右，谭大姐会端一盘水果进去，放在孩子身旁，然后轻轻拍拍孩子的脑袋。彼此对视，无须语言。这就是一种爱的陪伴！

父母是孩子的第一任老师，也是孩子永远的老师。师者，德高为师，身正为范，说的就是身教。谭大姐说自己的女儿非常喜欢看书，大概就是因为她一睁开眼睛看到的就是爸爸妈妈看书的情景。是啊，教育的别名叫“影响”，教育的元素无所不在，无时无刻不在。听到这儿，我想起了这样一段话：“你们自身的行为在教育上具有决定意义。不要以为只有你们同儿童谈话或教导儿童、吩咐儿童的时候，才教育着儿童。在你们生活的每一瞬间，甚至当你们不在家的时候都依然在教育着儿童。你们怎样穿衣服，怎样跟别人谈话，怎样谈论其他的人，怎样表示欢欣和不快，怎样对待朋友和仇敌，怎样笑，怎样读报……所有这一切对儿童都有很大影响……父母对自己家庭的尊敬，父母对自己一举一动的检点，这是首要的和基本的教育方法。”这是著名教育家马卡连柯的一段话，每当言及身教，便不由自由地想起这段话。

关于沟通，谭大姐提了两个建议：一是要有一个沟通的平台；二是沟通不是刻意的，而是轻松的，是随时随地的。而她和女儿的沟通平台，更多是在餐桌上，虽然不符合“食不言，寝不语”的古训，但是现代的许多沟通确实是在餐桌上进行的。谭大姐说道，女儿小时候喜欢上了一个男生，可是她毫不避讳，告诉了谭大姐。谭大姐神闲气定，她对女儿说了一番话："你喜欢他是对的，因为他优秀。以后，你还会遇到更多这样优秀的男生。"据说，女儿此后再也没有谈过这个问题了。这对五六年级的女孩家长来说尤其是一场及时雨，许多家长正为此而忧虑，担心面对青春期的孩子拿捏不了尺度，影响亲子关系。大姐笑称，"lian 爱"就是要"练"，没有练，怎会有成长。是呀，关键不在于禁，而在于疏，在于疏的艺术。如果母亲和女儿没有奠定良好的沟通基础和亲密的感情基础，母亲又如何了解孩子的心事呢？又怎能引导陷入困扰的孩子？

很多家长都认为对于小学的孩子而言，谈规划似乎是太遥远了些。谭大姐则引用了熊炳奇的一句话："孩子小时候就应该给予职业规划的引导。"

心有多大，世界就有多大；世界有多大，心就有多大。要趁早为孩子广开视野。参加国内外旅游、公益活动等都是很好的方式，使孩子在年幼的时候就树立起为社会服务的意识，初步奠定积极的人生观、价值观，为未来的人生打好基础。

孩子的规划源自兴趣，兴趣是最好的老师。谭大姐并不赞成孩子把所有的时间都花在学习上，重要的是激发孩子学习的内驱力。她还通过身边朋友和自己女儿的经历，分享了作为家长应该如何尊重孩子，引导孩子进行人生选择。这让我想起了孩子高考后，我对孩子说的一句话："选择你所喜欢的，喜欢你所选择的。持之以恒！"

我一边倾听一边观察我们的家长，他们个个神情专注，感动之余，不免觉得欣慰。

互动咨询环节，家长们将困惑一一抛出：孩子喜爱科学，如何引导孩子提升研究能力？孩子拖拉的习惯怎样才能改变？……

家长思维活跃，问题接踵而至，我和谭大姐只好分成两个小组，一一接招。

原定一个半小时的活动延长了一个小时，看着家长们如释重负、满脸愉悦地离开学校，我的心里只有一个字：值！

又是橙黄橘绿时

——记2016年广州市家庭教育与家长学校骨干教师培训

翻开面前的软皮抄，数一数一天半的学习成果，竟有十五页之多，不免自我陶醉，也不免为自己的学习态度和学习习惯沾沾自喜。

增城区美丽幽静的百花山庄，依山傍水的湖畔多功能厅聚集着整整100位广州市家庭教育工作者，共同感受国家对家庭教育的空前重视和自身沉甸甸的责任，共同聆听专家非同凡响的报告，共同分享家庭教育和家长学校的宝贵经验。

第一天上午是由广州市教研院德育指导中心蒋亚辉主任为大家作题为“推动广州市家庭教育创新发展”的业务培训。首先，他为大家解读了国家九大部门2016年11月颁布的《关于指导和推进家庭教育的五年规划（2016—2020年）》，清晰地介绍了五年规划的背景是基于习近平总书记的“三个注重”和中国创新、协调、绿色、开放、共享的发展理念。此后，他带着我们领会了五年规划的重点任务、保障措施、价值准则、实施维度，领会了五年规划的亮点在于创新。最后，他介绍了广州市家长学校建设的基本经验，主要有五点：一是家长学校有较好的组织保障，二是家长学校有较好的物质保障，三是努力追求家校合作育人的成效，四是创新推动家长学校的特色发展，五是培训建设家庭教育工作队伍。当然，广州市各个区的发展也是不均衡的，鉴于此，蒋主任指出了需要化解的问题：家长学校定位不清晰，家长学校管理欠规范，家长学校发展不均衡，家庭个性需求难满足，部门工作壁垒仍存在，家长学校经费难落实，家长学校教材没作用，专业人员素质需提高。针对这八个问题，蒋主任开出了“八味药方”：一是准确把握家庭教育核心内容；二是健全家庭教育公共服务网络；三是建立有效的家长学校管理体制；四是提升家庭教育指导专业化水平；五是注重体验分享，增强教学吸引力；六是促进家长学校均衡协调发展；七是科研引领，打造家庭教育品牌；八是推动制定家庭教育地方性法规。蒋主任情真意切，每一味“药方”下都有具体的行动和指南，让我们慨叹目标高大上的同时又庆幸握有破解难题的法宝。

下午第一部分是广州市妇联副主席李艳林的一番发自肺腑的演讲，她不断地引发我们去叩问和思考：当把家庭教育提升到治国理政的空前高度的时候，我们的目标是什么？我们的方向是什么？我们应该怎样去做？当然，不仅如此。她提出我们应该是构建者、引领者、组织者。我们有理由相信，有了这样的领跑者，有了学校和社区两个阵地的相辅相成、相得益彰，广州市的家庭教育必定可以保持领跑全国的优势，实现打造广州模式的目标。

下午第二部分是北大书同教育的齐大辉教授的演讲。齐大辉教授原本是学习工程的，现在是国内研究家庭教育的专家，具有十几年的国外学习和工作的经历，又有深厚的国学底蕴，因此他的家庭教育主张可以说是集中和凝练了中外、文理的精粹。他的演讲深入浅出，让听众听后即有恍然大悟的感觉且产生共鸣。他有很多精辟的观点，譬如“家长教育是家庭教育的基础、公民素质的源头、群众工作的桥梁、党群关系的抓手”“当下国民素质的知识多常识少、成人不成熟现象已严重影响到家庭和谐、单位效益、国家安全与民族命运。”他有很多操作工具，尤其是他的家庭公约，目前已经在许多城市和农村推广，改变了家庭，改变了孩子，改变了家长，取得了非同凡响的效果。

齐大辉教授认为“家风”是根，他是“抓党建促家建，以家风助党风”源头教育思想的提出者。他结合杠杆原理，解读“三生”教育：生活和生存在左右两个托盘，中间的支点是生命。他用一个形象的公式来说明家庭教育是亲职教育和亲子教育的结合，即 FE = PE + CE。“找到切入点，家庭教育非常好玩，非常有效”“忘记过去就等于背叛”“回家看看老照片，回家贴福”“先问心情，再问事情”“大道至简，倒行逆施”“要做家庭教育，一定要拜孩子为师”“家庭教育要搞操作性的东西”“把乐的东西称为学习，把学习称为玩”“提高国民素养必须要有认真的态度”“现在的孩子只有老师，没有师父”“好情绪是资本，坏情绪是成本”“一个孩子影响几个家庭、几代人”“知识不是力量，常识是力量”“认真是目标明确、程序完整、结果达标”“把你、我、他弄清楚”“不说话或少说话”“善于讲故事，把故事中的原理往外抽”……齐大辉教授的课堂看似随意，其实闪烁着智慧的光芒。他的话语平实，却让我有一种大珠小珠落玉盘的感觉，有声有色，催人反思。

第二天上午，番禺区妇联、荔湾区教育局、增城区凤凰社区、黄埔新港小学相关代表分别介绍了各个层面的经验。印象最深的是荔湾区教育局的相关经验，1984 年荔湾区出现了全国第一所家长学校，时至今日，荔湾区拥有了全国首个家庭教育学院。荔湾区领导对家长学校和家庭教育的重视非同凡响。今年暑假，荔湾区副区长亲自带队，把全区100多位家庭教育骨干带到北京大学进行为期一周的培训；每年给予每所家庭教育基地学校10万元的支持；建立了“十百千万”的家长学校目标，确立了“每家一约，每周一信，每校一品，每班一员，每月一会”的“五个一”系列活动，建立网站和微信平台，开设家庭教育微课堂，开展家庭教育微论坛，成立中小衔接的家庭教育名校联盟……重视程度、创新程度、效率之高，使其成为广州市当之无愧的翘楚，在全国也是屈指可数的，令我们既佩服又羡慕。作为家长学校的黄埔区新港小学亮点纷呈：一是能充分利用“爸爸资源”，开设“爸爸论坛”，让更多的爸爸参与家校合作；二是能充分推动书香家庭建设，让阅读成为家庭生活的模式；三是能开展国际交流，体验欧美家庭的教育理念，从而树立科学的教育观、生活观、价值观。

最后一位隆重出场的专家是广东省十佳父亲、原109中学校长、广州市家教会理事张仲庆。他激情洋溢，首先，对领导讲话、专家授课、经验介绍进行了简约而精彩的点评。然后，他对家校合作进行了独到的阐述，促使我们对家校合作重要性进行了深度再思考，提醒我们务必以大格局思维审视新时期的新动向。

培训在许东雨部长饱含激励的期望声中顺利落幕。大家纷纷表示，期待明年的相聚，期待一次又一次的吐故纳新！

在查验中收获

作为广州市家庭教育促进会理事，我颇为荣幸地被邀请作为专家组成员参与今年的示范家长学校验收工作。示范家长学校是在优秀家长学校的基础上遴选的，截至今年，400多所优秀家长学校中将产生近120所（每年30所）示范家长学校，充分体现了广州市妇联对家庭教育和家长学校建设极为重视的战略眼光，也是对家长学校成果的巩固与进一步推进。

示范家长学校查验往往分为两大环节：第一个环节是听取区妇联、教育局、前一年评上的几所学校创建一年来的工作进展和经费使用情况；第二个环节便是对申报查验的示范家长学校进行评估，包括听取汇报、察看场地和查阅资料。

市妇联少儿部许东雨部长亲临现场，对越秀区社区和家长学校在现代媒介的使用、教材的编写、项目化的运作等方面给予了充分的肯定。同时，他也指明了发展的方向：一是加大投入，设立专项经费。二是加强对家长学校负责人和骨干教师的培训。三是加强家庭教育研究。四是用好且发挥好已评上的家长学校的经费。

这次查验的示范家长学校有四所，一所中学、两所小学，还有一所是社区家长学校。因此我们的时间被安排得满满的，一所学校查验结束后便马不停蹄直奔下一所学校。

我们四位成员分工合作，大家集体讨论后由一人主笔，负责对查验的学校进行信息反馈。我负责的是广州市第三中学，这也是我们本次查验的唯一一所中学。由于我们的工作都集中在会议室，也没能好好去欣赏和充分感受这所具有152年历史的学校所富有的内涵和丰富的文化底蕴。只是在进出的时候匆匆一瞥，但仅这一瞥就足以深深地震慑我们，让我们对这所学校的历史肃然起敬。

当然，让我们肃然起敬的不仅是面前的建筑、令人艳羡的校园环境，还有校长儒雅的气质、踏实的作风、清晰的思路，这使得这所学校的家长学校工作可圈可点。

我们给出的评价是：亮点纷呈，办学形式多样，教学模式初具雏形，成果丰硕，既有深厚的文化底蕴又有鲜活的时代气息，体现了“四有三优二突出一示范”，具有示范引领作用。具体来说，凸显在“四化”上：

第一，确定了鲜明的家长学校办学理念，凸显了学校办学理念引领家长学校办学理念的思想，围绕“弘爱”的核心价值确立家长学校的目标和内容，体现了家长学校发展的高位化。

第二，具有创新资源整合的意识，善于利用和整合国内家庭教育专家资源、校内讲师资源、社区讲师资源、家长讲师资源，且能对学校骨干教师进行系统化培训，体现了师资队伍的多元化。

第三，家长学校课程、教材设计的系列化和系统化。学校开设的课程分为三大系列：公共篇、初中篇、高中篇，各系列自成系统，具有阶梯性。每个年级、每个主题都匠心独具、精彩纷呈，满足了家长的需求，提高了家长的兴趣，激发了家长参与的积极性，具有较强的针对性和实效性。

第四，活动形式多样化。家长学校活动丰富多彩，有亲子活动、亲子运动会，还紧密结合时代特点开设空中家教、学校官网，邀请家长进入校园开设学爸学妈大讲坛，创立家校联动刊物……

尽管如此，基于查验工作的需要和家长学校发展的需要，我们也提出了三点建议：

第一，加强家庭教育专项课题研究。学校虽然有不少课题与家庭教育相关，但都不是专门针对家庭教育的。

第二，更新和完善校本课程，融合核心价值，更加彰显“弘爱”文化这一品牌。

第三，学校陈述和自评报告中提及的教育培训和指导几乎都是针对面上的家长，应该增加针对本地域孩子和家长的特殊心理特点，加强个案研究，体现个性化教育指导。

其他三所家长学校也是特色显著，各有千秋。尤其让我们感到欣喜的是东湖社区家长学校。欣喜之一是社区的环境很有文化品位，地方不大但功能齐全，结构和布局皆独具匠心，不论是书屋还是洗手间都透着温馨的气息，让我们沉醉其中，赞不绝口。欣喜之二是社区家长学校能基于社区历史和现状，开展温暖而有创意的教育教学活动，真真正正地为属地居民排忧解难。欣喜之三是善于总结和提炼陈述报告，将家长学校工作特色和亮点简洁而凝练地呈现出来。

这次查验，虽然我被冠以专家组组长的名号，但这对于我来说是一次难得的学习机会。查验的每一所学校都是经区妇联或教育局推荐的，校长们都当之无愧，他们踏踏实实地在为家长服务，为孩子们服务，其教育情怀和工作热情令人敬佩。

查验中，有一些问题值得我们去思考，有一些概念值得我们去追问。例如：什么是家长学校？家长学校和家校合作是怎样的关系？家长参与和亲子活动有何区别？家长学校教材和校本教材的关系怎样？

此外，有一些家长学校对教学内容的选择依然存在较大的随意性，缺乏课程意识，内容的设置缺乏系统性和系列性，更妄谈校本教材的开发了。还有一个普遍性的问题就是家长学校缺乏核心理念，没有将学校的办学理念融入家长学校办学理念中。再者，自评时唯恐专家不了解学校而不遗余力地全方位展示学校的“骄人业绩”，反而显得胡子眉毛一把抓，没有重点。

家长学校直白地说就是提高家长教育素养的学校，一是从“道”的层面帮助家长接受科学的育儿理念，二是从“器”的层面帮助家长习得一些可以操作的技能或方法。

当然，可喜的是越来越多的学校和社区对家庭教育的重要性的认识加深了，对家长学校的价值看得更加清晰了，且努力地推动着这项事业的发展。

记家庭教育基地第一次专家讲座

家庭是人生的第一所学校，家庭必须和学校成为同盟军才能促进孩子的健康发展。正如苏霍姆林斯基所说：“教育的效果取决于学校和家庭教育影响的一致性。如果没有这种一致性，那么学校的教学和教育过程就会像纸做的房子一样倒塌下来。”

习近平总书记在多个场合强调家庭建设和家庭教育的重要性，尤其是“三个注重”和“帮助孩子扣好人生的第一粒扣子”振聋发聩且生动形象。正因为此，近年来家庭建设和家庭教育得到了前所未有的重视，中华全国妇女联合会、教育部相继发文，从政策、法规、具体措施着手，推动政府、学校、家庭齐头并进，促进家庭建设和家庭教育。

2017 年，广州市教育局遴选了 23 所学校，除市直属学校外，每区中小学各选一所作为首批广州市家庭教育实践基地。庆幸的是，我校位列其中。

2017 年 5 月 7 日（周日）下午，第一场家庭教育讲座拉开了家庭教育基地的序幕。我校近 200 位学生家长共享了这次的福利。

此次邀请到的主讲嘉宾是姜德宏教授，姜教授是全国家庭教育讲师团专家，有着丰富的教学和管理经验，迄今为全国各地的家长讲课达 300 场之多。

他当日的报告主题为“家长，应承担家庭教育的主体责任”，既有必要的理论，又有具体的案例和方法，深深地吸引着家长。

姜教授从为什么家长负有教育责任、家长应负有怎样的教育责任、家长应该怎样履行教育责任三个方面娓娓道来。

在谈论为什么家长负有教育责任这个问题时，他从四个方面进行阐述，包括习近平总书记说、教育部说、法律依据说、教育科学说。让家长明确家庭是社会的细胞，家庭和谐是社会和谐的基石；中华民族自古以来就很重视家庭建设，提出了“修身、齐家、治国、平天下”的价值追求；家庭教育是学校教育永远的背景和永远的底色；家长工作忙不是理由，而是家庭教育观念淡薄，家庭教育的理念落后……

在谈到家长应负有怎样的教育责任时，姜教授认为主要有三大工作：德育、智育、体育。在德育工作中，他再一次引用了习近平总书记的一段话“家庭教育涉及很多方面，但最重要的是品德教育，是如何做人的教育”。而对于如何做人，他为大家分享了孔子仁学思想对做人的教育启示，分别是：仁者爱人——“己欲立而立人，己欲达而达人”；孝悌为本——“弟子，入则孝，出则悌，谨而信，泛爱众，而亲仁，行有余力，则以学文”；克己复礼——“克己复礼为仁，一日克己复礼，天下归仁焉”。列举了毛泽东、曾国藩、钱穆乃至李光耀对中国传统文化的尊崇及运用中华传统文化尤其是儒家文化的“仁”“忠恕”“孝”“廉”对“修身、齐家、治国、平天下”的实践价值。同时，也呼吁家长们要有文化自信，在发达国家掀起中国文化热，追崇孔子文化的历史背景下，更要牢记中华的根，汲取孔子的智慧，培养具有中国灵魂和世界眼光的孩子。姜教授欣然谈及自己参加国际研讨会时告知别人自己来自孔子故乡而让对方竖起大拇指的趣闻，让作为听众的我肃然起敬、倍觉自豪。家长们听完笑了，有的还频频点头，他们一定也有和我一样的感受。

家长应该怎样履行教育责任？姜教授给大家提出了四点建议：

第一，加强学习，提高教育素质。开展亲子共读活动，加强家庭文化建设；注重家风，言传身教，为孩子做出表率。

第二，转变观念，树立科学教育观。了解孩子，尊重儿童身心发展规律；端正心态，克服过高期望与盲目攀比的心理。

第三，家校协同，参与配合学校教育。参与学校活动，了解学校要求；理解教师，共同促进孩子健康成长。

第四，改进教养方法，践行科学的家庭教养方式。家庭中主要的教养方式有四种：权威型、专制型、纵容型、放任型。

两个小时眨眼就过去了，剩下的是提问时间。家长们都很珍惜难得的与专家面对面交流的宝贵机会，毫不顾忌地抛出自己的疑惑。他们的问题集中在隔代教育中如何处理和父辈的关系、如何指导孩子功课、是否可以“揍”（体罚）孩子，是否该让孩子上课外辅导机构等。姜教授对家长们的问题一一做出解答或指引，赢得了大家一阵阵掌声。对于惩罚，姜教授认为：“只要不伤害孩子的身体和人格，必要的惩罚是可以的。有时候，揍孩子也是为了让孩子长记性，比如在碰到危险需要应急的时候……但惩罚只是作为教育的一种补充手段，而且也是一种无能的教育手段，从这个角度来说，我不赞成体罚……”这种观点让家长们拨云见日。

在谈及家校关系和课业负担时，姜教授不忘站在学校的角度，引导家长理解老师、尊重老师，自主发挥家长的力量，引进多方资源，以弥补学校教育的缺憾。

时间悄然而去，我向主持人申请做了一个总结。首先是感恩学校拥有这次机会，感恩学养深厚的姜教授给家长们有高度、深度、温度的分享、引导，感恩为这次活动悉心准备的组织单位。其次是欣慰我们的家长能在休息日参加讲座。家长有四个层级，第一层级的家长是愿意为孩子花钱的，第二层级的家长是愿意为孩子花时间、陪伴孩子的，第三层级的家长是愿意为了孩子去学习的，第四层级的家长是愿意为了孩子而改变自己的。我们的家长或许已经开始迈上第四层级了。最后是期待，学校极为重视家校合作、家长学校工作，建立了家长教师协会制度，开展了“周末有约”“爸爸进课堂”等系列家长学校活动，希望能得到姜教授的指导，让我们的工作更上一层楼，让更多的家长受益，让更多的孩子拥有健康、优质的成长环境。

家长们带着收获和微笑向我们致谢、道别，我的内心更加充实、温暖。

陪着姜教授步出报告厅，一眼便看到广州市教育局思政处副处长刘心愿，原来他一直坐在后面聆听。

我们在大屏幕下开心留影，姜教授对学校充满活力的环境、秩序井然的会场、家长高质量的互动还有我精彩的总结赞赏有加，称是此次广州之行最满意的一堂课。

周末约吧，约定正面管教

——记正面管教第一期家长工作坊

天河区全面推行正面管教，为科学的教育理论找到了落地工具，让很多接受培训的校长和老师充满欣喜且更为自信，我也是其中之一。不仅如此，我还自行安排时间参加了家长讲师的培训。培训回来后，我认真学习了蓝皮书，回顾和咀嚼了培训内容，重新阅读了《正面管教》和《教室里的正面管教》。随后，我不禁跃跃欲试，意欲在最短的时间内小试牛刀，让有需要的家长尽快接触正面管教，把正面管教的基本理念传递给家长，让家长尽快掌握几种小工具，解决家庭教育中面临的困惑。

翻看着笔记和《家庭培训师指南》，揣摩正面管教亲子教育方法的四个组成部分，参考书中提供的工作坊课程安排表，我开始设计属于我的家长工作坊的课程。一周太短，七周太长，最后确定为四周——在一个月内完成第一期。至于具体的上课时间，考虑到自己和大多数家长都是上班一族，决定安排在周六晚上的7：00—9：00。就这样，我拟好了工作坊开班通知，在家长教师协会QQ群上发布。让我始料不及的是家长们的参与热情很高，几个小时就把20个名额“抢”光了，没有及时看到信息的家长深感惋惜。

以下就是最后定稿的课程安排。事实上，这个课程计划几易其稿。每一次课程在授课的当天都还会有所改变，每一次课程都会在前一次课程的基础上进行调整，有时是调整体验活动的前后顺序，有时是更换热身活动，有时是直接删去或增加某个活动。

四周课程安排

周次	内容	备注
第一周	一、热身活动 1. 我与正面管教的故事 2. 学员自我介绍 3. 向后跳到椅子上 二、学习正面管教基本理念 三、体验活动 四、互动活动 1. 你试过怎样的管教方法 2. 你的管教风格 五、体验活动 1. 和善而坚定 2. 照我说的做	课间休息15分钟

（续上表）

周次	内容	备注
第二周	一、热身活动：涂涂画画 二、体验活动：能力巨人 三、亲子教育信息：人类行为的冰山图 四、体验活动 1. 错误目的表介绍 2. 看我的帽子——解读密码 五、正面管教工具 1. 赢得孩子合作的四个步骤 2. 积极“暂停” 六、家长互助解决问题 七、你的收获或困惑	
第三周	一、热身活动 1. 分享案例或实践应用的效果 2. 打开你的拳头 二、亲子教育信息：赢得孩子合作的四个步骤 三、体验活动：鼓励与表扬 四、鼓励的三种语言 五、体验活动：启发性问题 六、亲子教育信息：惯例表、跟进执行四个步骤 七、亲子教育工具：家庭会议 八、家长互助解决问题	课间休息15分钟
第四周	一、热身活动 1. 不言语 2. 正面影响 二、亲子教育信息及体验活动：上方卡及体验活动 三、教养的四种方式 四、体验活动：愤怒与3A 五、家长互助解决问题 六、回顾与总结	

别看每一次课程的步骤不多，但是要让每一次课程都令自己满意、令家长获益，那就必须做充分的、精心的准备。我把时间确定在周六晚上的原因就在于此——我往往在周六上午就做好各项准备，包括准备挂纸、活动材料、阅读资料、足够的水写笔等，而下午则会对活动内容进行再熟悉。

在最后一次课上，我们还将精心设计的结业证书颁给了每一位家长。

纵观四次课，基本上都是按照流程在做，但是时间的控制却不那么尽如人意。一是开始时家长发言不够热烈，我得不断地鼓励和等待；二是有几位家长宛如行云流水，侃侃而谈，一说就刹不住了；三是某些环节我认为还是要尊重家长的意愿，不能断然叫停；四是有时我也想更多地分享自己的感受或事例。

第四周的热身活动中，我选择的是“正面影响”，邀请学员们回忆一个对自己有正面影响的人，并向大家简单地讲述这个人是谁，以及这个人是如何对自己的生活产生正面影响的。

一开始，大家似乎都不愿意做“第一个吃螃蟹的人”，我就让家长们两两一组相互分享，短暂的热身后，大家兴致勃勃、侃侃而谈。我看时机已经成熟就叫停了，接着用期待的眼光看着大家：“谁愿意和大家一起分享？”一位家长站了起来，说起了她的姐姐成绩如何优秀，如何为了弟弟妹妹而选择了报读中专，如何一直在学业和事业上鼓励和指导她。她情不自禁地哽咽起来，旁边的同伴轻抚着她。我和其他家长都被她感染、感动了，我发自内心地向她表示感谢，真诚地说：“情之所至！你有一颗感恩的心，为你姐姐自豪；你有一个优秀的姐姐，为你自豪。其实，几乎每一个人都有一个对自己产生正面影响的重要他人，我也不例外。一想起这些，我也有跟你一样的感受。”

每一次活动，家长们都很投入；每一次活动，都要比预期的时间延长近半个小时。尤其是最后一次，宣布课程结束后大家仍然依依不舍，依然热烈地交谈着，谈收获、谈体会、谈感恩。其中三位妈妈一直和我边走边聊，跟随着到我办公室也丝毫没有要回家的意思。我们便又坐下，继续聊了起来，聊孩子的自信心竟然可以通过一件事情就被激发出来；聊一个表现优秀的孩子在家和在校迥异的表现是因为家长的情绪所导致；聊自己接下来要如何加强学习，改变行为，用正确的方式来处理和同事、朋友、丈夫、孩子的关系……

“作为昌乐的一分子幸福感满满的！感谢郑校长和潘主任的无私奉献。很荣幸与大家共聚昌乐，共同分享，共同学习，共同努力！祝愿家校互动更亲密！在此表达感恩之心。”

“感恩郑校长和潘主任牺牲了那么多个周末带领我们学习那么多关于正面管教的知识，让大家受益良多。感谢你们对家长和孩子们无私的付出和无限的耐心！很开心和大家一起相聚，一起分享喜悦！身为昌乐的一分子倍感骄傲和荣幸！”

回到家，打开微信，一条条充满温暖和爱的信息占据了每一个页面，我备觉欣慰，觉得自己的付出非常有价值！

告别这充实而忙碌（上午跟两所幼儿园的家长谈论幼小衔接，下午参加局工会组织的跳绳比赛）的一天，想想明天就是母亲节了，这算是献给母亲的礼物吧！于是，我颇为得意地进入了梦乡！

一起喝咖啡

——记一次世界咖啡式的家校互助

周三下午是学校老师的培训时间，老师们准时来到了只有九张六人桌的美术教室，自然形成了 9 个小组。和往常不一样的是，每一个小组除了学校老师，还有一位家长——他们是家委会代表，受邀而来，一起“喝咖啡”。

我通过 PPT 较为详细地介绍了“世界咖啡”这一培训工具的内涵、价值以及操作流程。我们要讨论的问题有：家长和教师在沟通过程中容易出现哪些问题？家长和教师如何进行有效沟通？之所以选择“世界咖啡”这种形式，是为了营造一种宽松的氛围，让大家尽情发表各自的见解，通过集体的智慧来解决问题；之所以邀请家长参与，就是为了“跨界”，倾听彼此的声音，共同碰撞，增进了解，寻找解决问题的途径与方法。否则，仅仅有教师的声音，不免以偏概全，难以有针对性地解决问题。

“一二三四五六七，我们一起喝咖啡。”虽然没有咖啡，但是我们毫不犹豫地喊出了口号。在我的授意下，大家开始忙碌起来，美术教室的四周似有浓香氤氲。小组已经自然形成，桌长和记录员是大家推荐或自荐的。记录员记录下每一位组员的三个观点，每一组的组员轮流到其他“咖啡桌”听桌长介绍本桌观点后发表自己的观点，记录员补充记录，如此循环三轮。我在各个组之间安静地“游走”，欣赏着每一组越来越多的“成果”，有的用文字叙述，有的用思维导图呈现，有的是一幅特别的图画，有的是条分缕析的表格。

最后便是各组的汇报了，各小组争先恐后发言。最吸引眼球的是两位男家长，他们不仅代表小组陈述观点，还由衷地表达自己对学校和老师的感谢与理解，分享自己的收获和感动，赢得了真挚而热烈的掌声。每一组汇报后，小组的成果便会张贴在黑板上。

活动结束了，老师们的脸上写满微笑，纷纷把黑板上的成果拍下来；家长们都感到收获颇丰，一再表示活动很有意义，感谢学校的邀请！

接下来，我要做的就是把各组的成果转换成文字，至于最终的观点，就留给大家去比照、归纳、整合吧！

组别	问题：家长和教师在沟通过程中容易出现哪些问题？	对策：家长和教师如何进行有效沟通？
1	1. 家长和教师之间的不信任，说话不注意方法。 2. 家长不敢向学校提意见。 3. 相互不理解，产生误会。 4. 教师的工作量大，关注大方向。 5. 时代变迁，教育方式与经验的冲突。 6. 信息不对称，孩子在家与在校表现不一致。 7. 沟通频率低和及时性弱导致问题的出现。 8. 教育理念不同。 9. 家长过于袒护孩子。	1. 多关注孩子，保持良好的沟通。 2. 定位清楚（家庭教育和学校教育的关注点）。 3. 换位思考。 4. 教师要说清楚动机，有效沟通（为什么做，做什么，怎么做）。 5. 以正向语言鼓励。 6. 教师多渠道沟通、评价；家长主动、积极面对。 7. 减少正面冲突。 8. 家长配合，教师公正处事。
2	1. 信任不够。 2. 价值观（教育理念）不同。	1. 进行团队拓展培训（有目的，有主题）。 2. 增加家长、教师、学生共同参与的班级活动。 3. 班主任要突出活动的重要性，重视班级文化建设，引导家长、孩子往同一个目标走。

（续上表）

组别	问题：家长和教师在沟通过程中容易出现哪些问题？	对策：家长和教师如何进行有效沟通？
3	1. 家庭、学校信息不对称。 2. 沟通的频率和及时性不够。 3. 教育理念不同。 4. 在考虑孩子的适应能力和如何走得远方面有差异。	1. 主动、积极面对，及时反馈与沟通才能及时纠正学生的不良习惯或家庭表现等。 2. 增加沟通的次数，如每月一次的短评价（同学、教师、家长）。 3. 每个人的理念不同，要及时疏导，家长要多倾听。 4. 了解学生的生活和学习习惯后再沟通，充分获得信息，在倾听的基础上再决定沟通的方式。
4	1. 家长与孩子、教师之间的信任（立场）问题。 2. 家长间意见不一致，导致的沟通问题。 3. 家长存有私心。 4. 家长和教师之间的个体教育和全体教育的矛盾。 5. 沟通方式单一。 6. 出现负面意见不知如何向教师表达。	1. 教师和家长的沟通方式可以多样化。 2. 尊重、关爱、公平、公正、耐心，避免简单、粗暴。 3. 建立畅所欲言的沟通氛围。 4. 尽量电话沟通，直接的方式更有效。
5	1. 理念有冲突，以至于无效沟通。 2. 家长过于袒护孩子或表面应付问题，实质无改变。 3. 家长不耐烦，不信任。 4. 家长和教师存在理念冲突。	1. 不影响全局利益或他人利益的情况下，允许个性发展，不跟家长发生正面冲突。 2. 重视、关爱孩子，不针对某个孩子，处理事情要公平、公正。 3. 加强家校沟通交流，消除误会、分歧。 4. 注意沟通技巧，做到换位思考，设身处地为他人着想。
6	1. 孩子间产生冲突时，家长不认同教师处理事情的方法，偏袒自己的孩子。 2. 家长很少考虑孩子的年龄特点，不了解孩子的心理特征和性格特点。 3. 教育理念不同，例如对孩子兴趣爱好、学习、生活等方面的要求。 4. 家长较为自我，未考虑集体。 5. 学校频繁换教师，也是导致家长对学校、教师不满的原因。 6. 对于一些尖锐的问题，家长不知如何委婉地提出。	1. 开设班主任信箱，及时为家长答疑。 2. 教师要了解家长的基本情况，平等对待每一个学生，因材施教。 3. 教师要心平气和，换位思考，让家长感受到教师为孩子考虑、着想。

（续上表）

组别	问题：家长和教师在沟通过程中容易出现哪些问题？	对策：家长和教师如何进行有效沟通？
7	1. 价值观不一致。 2. 标准不一致，教师要求与家长落实存在偏差。 3. 看问题的角度不同。 4. 缺少相互理解和换位思考。	1. 家长要多参与，解决信任问题。 2. 将问题摆在桌上，坦诚相待，分析利弊。 3. 多鼓励和表扬，找到解决问题的方法。 4. 当学生之间出现矛盾时，要及时解决。 5. 换位思考，将心比心，善于共情。
8	1. 家长会站在自己的角度想问题。 2. 家长和教师对问题的看法、角度不同，对问题认识产生偏差，引起不信任。 3. 家长和教师的期待值不同，信息不对称，家长不认同教师的处理方法。 4. 家长不理解教师的工作量和工作强度，不注意沟通的语言，教师的态度和方式导致家长产生误解。 5. 教师未能及时反馈问题，导致沟通障碍。 6. 教师和家长的价值观和教育理念存在差异。	1. 家长要进行价值观的培训。 2. 建立多元化的沟通方式，例如亲子活动。 3. 主动、及时建立正面的交流平台，加强家校联系。 4. 教师要全面考虑，用制度支持“爱”。 5. 换位思考，获得认同感。
9	1. 孩子出问题，家长会把责任推给学校和教师。 2. 缺少相互理解。 3. 家长反映问题后认为教师没有及时解决。 4. 期待值的矛盾。 5. 教师课堂所教的内容希望家长一起完成。 6. 托管的问题也是影响家校沟通的一个重要因素。	1. 老师要有整体观，爱学生，注意沟通技巧，增进家长对自己工作的肯定和理解。 2. 利用多种沟通方式，例如电话访谈、微信、面谈。 3. 教师和家长都要换位思考，互相理解。 4. 教师在解决问题时要全面掌握信息，了解行为背后的原因，整体分析，不能就一件事孤立解决。 5. 就期待值的问题进行沟通。

最美家庭风采展示

——“好家风伴我成长”系列活动之一

为贯彻落实《广州市天河区教育局开展“好家风伴我成长”主题教育活动工作方案》（穗天教〔2017〕40 号），传承和弘扬我国优秀传统家风文化，用优良的家教影响学生，培育其良好的道德情操，我们昌乐小学制订了“好家风伴我成长”系列活动方案。

系列活动之一便是“最美家庭”评选，当评选通知和评选条件在家协会群里公布时，家委会成员纷纷拍手称快，第一时间便转发到各自的班级 QQ 群上，接着便看到我们的家校群掀起了一股股热浪。有的家长跃跃欲试，和家人共同商讨撰写事迹材料；有的家长主动推让，经家委和班主任的再三鼓励才打消顾虑；有的家长自觉望尘莫及，积极推荐他人……

整个活动得益于家委会的积极推动和热情参与，最终有 13 个家庭获得昌乐小学“最美家庭”殊荣。2017 年 7 月 7 日上午举行的“活力绽放，享受成长”散学典礼中，13 个家庭的孩子和父母一起站上了领奖台，展示了“最美家庭”的风范。

第二天，学校微信公众号便推送了每一个家庭的事迹材料。看到每一个家庭中的成员幸福地依偎在一起的照片，看到每一张脸上都洋溢着幸福的微笑，我也被这种幸福感染了。而当我一一浏览着面前的事迹材料时，那种无以复加的欣喜和感动充盈着我的整个世界。

让我们共同徜徉在一个个养心的故事和一幅幅养眼的画卷中。

先来看看小广宁家庭的“书、行”之美，大家都知道小广宁是一个多才多艺的小书迷，她的家庭在她的成长中起到了不可或缺的作用。

一、读“万卷”书

读书的人生，是充满诗意的。小广宁现在最爱看的节目就是《中国诗词大会》，课余时间也热衷于跟小伙伴们行“飞花令”，从春花秋月到边塞诗词可谓倒背如流。小小年纪的广宁就成了小书虫，这都要归功于小广宁的妈妈。小广宁的妈妈是一位中学政治老师，她对小广宁的要求是“爱读书，多读书，读好书”。兴趣是孩子最好的老师，在幼儿园时妈妈就开始给小广宁讲述童话世界的美好，又带着小广宁体会连环画里的新鲜事物。书店是小广宁最爱去的地方，二年级的小广宁已经看完了《三国演义》和《三国人物志》。为了培养浓厚的读书氛围，在小广宁家里电视成了一种摆设，爸爸妈妈很少看电视，更多的时候都在读书看报。耳濡目染的小广宁在学习之余，还经常画画、弹钢琴，兴趣广泛的她还给班级设计了班徽。

二、行“万里”路

小广宁的爸爸是一名转业干部，特警出身的他用自己的行动潜移默化影响着小广宁。张爸爸在部队时就是令行禁止的典范，在教育小广宁时他笑称自己也用着军事化的管理手段，比如从一年级开始，闹铃一响，小广宁就马上起床了，冬天天气冷也不会赖床拖拉。为了让小广宁从小开始锻炼身体，无论春夏秋冬、刮风下雨，爸爸都会带着小广宁在小区里跑步，日积月累，小区里的家长们都把父女俩作为学习的榜样。张爸爸通过身体力行将军人的坚强与刚毅传承给女儿，让她从小拥有强健的体魄。与书为友，与书为伴，小广宁就在这样的环境里茁壮成长。在小广宁的家庭中，我们闻到了书香，看到了奔跑的身影和坚持的力量。

三、其他家庭的风采

其他家庭的风采同样精彩，就让我们一起来欣赏吧。

“我的家庭是一个美满的四口之家，爸爸妈妈，我和弟弟。对我们起到主导作用的是爸爸，爸爸是个对父母孝顺、对孩子有耐心、对妻子有包容心、对家庭有责任心的人。记得郑校长在一次演讲中提到‘最好的家庭教育就是爸爸爱妈妈’，这一点在我们家体现得最好，生活中无论妈妈做什么爸爸都会全力支持和鼓励，并做坚强的后盾。……家是缩小的国，国是扩大的家，让积极健康的家风家训融入我们的生活，代代相传！”蕾蕾的家带给我们和顺之风，吟唱着中华民族生生不息的传统美德。

“我们全家自觉遵纪守法，自觉学习，践行社会主义核心价值观，追求全面健康发展，体现在：第一，热爱祖国。关注国家发展，关注社会时事，关注‘一带一路’‘粤港澳大湾区建设’，站在国家利益、人民本位立场思考问题，教育孩子学习有关国徽、国旗、国歌的知识，给孩子讲解有关台湾、香港、澳门的故事，引导孩子了解‘一国两制、和平统一’的思想。第二，热爱中国共产党。积极学习习近平总书记系列重要讲话精神和治国理政新理念、新思想、新战略，坚持和弘扬中国特色社会主义‘四个自信’。第三，热爱家庭，勤俭持家，敬老爱亲。父母多次病重，住院做手术，我们倾尽财力，轮流照护，使他们得以早日康复。亲人们有困难，我们大力支持、帮助、指导，使他们克服困难，获得可持续发展。第四，热爱单位，廉洁自律，为单位增光添彩。我们努力工作，绩效显著，年度考核均获得称职或优秀等级。妈妈善于创新学校党委宣传工作，并取得明显实效，在省委巡视组借调期间，高质量完成岗位工作，获得优秀等级评价。爸爸始终站稳高校马克思主义理论讲坛，精心指导大学生参与‘中国梦·我的梦’、广州‘悦读’‘挑战杯’等比赛，取得优异成绩，理论研究成果丰硕，被聘任为硕士生导师、教授。第五，热心公益。积极参加慈善扶贫活动，并以此引导孩子正确理解人与人、人与社会、人与自然的共存共生关系。在昌乐小学老师和我们的齐心、精心培育下，越翰在德、智、体、美、劳等方面进步颇大，迄今，每学期均获评‘全面发展好少年’。”这是一个有责任，有担当，有格局的家庭，也是践行社会主义核心价值观的楷模。

“我们是一个平凡的三口之家，爸爸妈妈都是光荣的人民教师。爸爸培养的是未来的警察，妈妈在为社会输送环保人才。妈妈除了有教学任务，还担任行政职务，她在工作中勤勤恳恳，任劳任怨，经常加班加点。她带领广东环保学院环境科学系取得了国家、省（厅）多项成绩，受到领导和同事们的一致好评。多年来连续被评为学院、省生态环境厅年度‘先进个人’。爸爸因不承担行政工作，时间较为灵活，他支持妈妈的工作，更多地承担了伏柏钊的教育任务。在昌乐小学、班级和各种兴趣辅导班的活动中，爸爸成了一道亮丽的风景。虽然如此，爸爸也没有放弃自己的进步，见缝插针完成教学、科研等多项任务。近年来，爸爸被单位推荐为国内访问学者、青年骨干教师，还荣立过三等功。在爸爸妈妈兢兢业业、不断追求进步的感染下，伏柏钊也对自己提出更高的要求。除了在校内学好各门功课，伏柏钊还努力成为全面发展的好少年，自己主动提出学习钢琴、围棋、书法、足球等课程，课余时间还阅读了大量的历史、地理、科学等书籍，为以后的学习打下了扎实的基础。我们是世间最平凡的家庭，我们用自己的言行互相影响、互相感染，共同进步。我们互相理解、互相包容，在各自的岗位上努力奋斗，争取成为最好的自己!”

幸福的家庭、美丽的家庭都是相似的。家人之间能够相互照顾、相互信任、相互理解、相互支持；邻里之间体现真诚相待、热心相处、大爱涌动、无私帮助。此外，每一个家庭都凸显出对中华民族传统美德的传承和发扬，每一位家长都凸显着爱国、敬业、诚信、友善的品格，每一个孩子都能在家长的言谈举止中感受关怀和力量。教育的别名叫“影响”!

由此看来，“最美家庭”评选所带来的远远不是一个荣誉称号也不是一个简单的“13 户”，而是由此产生的蝴蝶效应。我们有理由相信，越来越多的“最美家庭”将会走进我们的视野，感动我们的心灵，优化我们的教育生态。

好家训，好家风

——“好家风伴我成长”系列活动之二

暑假里，在我们德育主任潘秀琼的辛勤耕耘下，学校微信公众号每周都给我们带来新鲜的气息，犹如炎热盛夏一缕缕清爽的凉风。

这一期推出的是“好家风伴我成长”系列活动之二“好家训，好家风”展示，家长们满怀热情地参与了这次活动。据潘主任反馈，每天她的邮箱都会收到来自家长的作品。分享是一种美德，分享不仅能让自己收获，也让对方收获；分享不仅启迪对方思考，也让自己思考；分享不仅触动自己，也感动对方。

怀着一份虔诚，我逐一阅读着一份份表格中的文字，思考着、感动着、收获着。

首先来看我们家长是如何理解这次活动的。“大家好！我们是四年（2）班于芷涵的家庭。学校要求提炼出每个家庭的‘好家训，好家风’的亮点，我觉得这个活动非常好！好的家庭是孩子得以良好成长的土壤和先决条件。曾国藩的 16 字家训为世代后人所传颂，即‘家俭则兴，人勤则健；能勤能俭，永不贫贱’。可见好的家风、家训、家教对于一个孩子、一个家庭是何等重要。我认为一个家庭良好的行为标准就是家训，一个家庭独有的风尚就是家风。良好的家风能够体现家庭成员的家教和素养，然而，这需要每个家庭成员的遵守。好的家风能够熏陶出有教养的家庭成员，家长的言行对于孩子非常重要，这就是所谓的言传身教吧。”

再来采撷几朵“夏花”，有的家庭开门见山，直抒胸臆，我们称之为简约、朴实型。例如：“好家风：敬业乐群、力学笃行。好家训：勤俭持家、厚德立家、孝道传家、诚信兴家、勤劳富家。”“诚信谦逊、乐观向上、自信、勇敢是我们的家训。”“感恩、诚实、自信、天道酬勤。”“一直以来我们家都秉承‘和善、友爱、诚信’为待人接物之道。家风直接影响一个人的行为举止，体现在父母的一言一行中，好的家风是孩子终身受益的宝藏。”“我们的家训是：治家严，家乃和，居乡恕，乡乃睦；家风是：尊老爱幼，相亲相爱一家人。”

有的家庭阐述深刻，翔实丰盈，我们称之为丰富、清幽型。例如：“我家的家训是：孝顺父母，尊敬老师、长辈，勤俭持家；勿以善小而不为，勿以恶小而为之。这些家训早已有之，爸爸妈妈把它们定为家训，我会努力做到，同时也影响周围的人，让他们也做到。我家的家规是：主动向长辈、老师、同学问好，互相尊重彼此。坐公车时为老人和需要的人让座，爱护花草，自己的事情自己做，作业做完了才有娱乐的时间，每天同妈妈一起看书一小时，每天练钢琴一小时，每天运动 40 分钟。我希望我家的家训、家规、家风能永远地传承下去，让爱的光照耀，我爱我家。”——这是以孩子的口吻叙述的家规、家训。

总体看来，虽然有的家庭对家训与家风的理解存在些许偏差，但是大家都了然于胸的是，一个家庭需要一个核心价值观，这个核心价值观激励着家里的每一代、每一位成员，从而形成一种自然的风尚。

家长和孩子不仅梳理了自己的家训、家风，还深刻阐述了家训、家风在家庭文化建设、孩子健康成长方面的价值；不仅呈现了自己的家训、家风，也提出了家训、家风传承的方法和艺术。尤为欣喜的是，大家还能将之与传承中华民族传统文化、传统美德、社会主义核心价值观联系起来，具有深厚的家国情怀、担当意识。

活动的意义不用我再赘述，家长的真知灼见跃然纸上，“家庭是国家的一分子，国强则民安。一个家庭的生活方式、文化氛围、人生态度、风格与风尚，也就是家风，时刻熏陶感染着孩子。孩子是祖国的花朵，如何帮助孩子养成良好的品德，树立正确的价值观很重要。好家风、好家训是培育和践行社会主义核心价值观的基础，也是关键”。

这个夏日，享受着家长们送来的一缕缕清风！

策划亲子活动 乐享暑期活力

——“好家风伴我成长”系列活动之三

暑假即将来临，如何让孩子们度过一个愉快而又有收获的假期？如何促进家长们关注孩子的暑假生活，陪伴孩子度过一个有意义的暑假？如何在假期中推进好家训、好家风的践行，营造良好的家庭文化氛围，培植时代新风尚……这是学校放暑假前思考的问题。

结合《中国学生发展核心素养》的主要内容和习近平总书记“要重视家庭建设，注重家庭、注重家教、注重家风”的重要讲话精神，针对小学生的年龄特征，学校设计了六大类活动，分别为体育与运动类、艺术类、科技类、阅读与写作类、社会公益类、劳动与生活类。每一类活动，学校都提供了一些范例，家长和孩子既可以从范例中选择，也可以自行安排。

体育与运动类，包括亲子游戏、体育活动（球类、棋类、操类、徒步、旅游……）。

艺术类，包括参观艺术场馆、参加音乐会、绘画、摄影、共唱一首歌、家庭朗诵会或学习一项艺术技能。

科技类，包括制作科技环保作品、观看科技新闻或分享科技类知识、制作一个小视频、参观科技教育基地、提出并研究一个科技问题、共同阅读科技书籍。

阅读与写作类，包括亲子阅读、读书分享、亲子日记，故事创编、课本剧表演等。

社会公益类，包括参观场馆，开展社会调查、环保宣传、志愿服务、公益活动等。

劳动与生活类，包括共同打扫家庭卫生、亲子美食汇、家长公共购物、理财等。

以上内容，我们是以表格形式呈现的，供学生选择或写出自己另行安排的活动，表格后附有活动要求：

①所有活动经过家庭会议讨论，确定活动主题和活动内容，共同制订活动计划，分工合作。

②确定家庭的“特别时光”。

③做好活动记录，保存好过程性资料（照片、感言、日记、自制表格等），建立亲子实践活动档案。

④活动既可以由一个家庭完成，也可以和别的家庭或亲戚朋友联合完成。

⑤活动花絮、心得、感悟等可以随时在班级 QQ 群上分享；也可以家长和孩子一起整理成图文并茂的 Word 文件或 PPT 文件，在假期内可随时发到学校德育处邮箱，学校将定期摘选来稿并在学校微信公众号上推送。

为了配合学校整体安排，我们要求科任老师压缩学科性作业，根据学校活动提供具体指南，例如各年级配套阅读书目等。

教育无处不在！每一个活动中都蕴含着丰富的教育元素。例如，球类运动可以强身健体，可以锻炼身体的灵活性和反应的灵敏度；可以培养一个人的意志力、团队意识和精神面貌；可以促进交往，增进感情；可以在掌握技能的过程中促进思考，打通大脑之间的连接，增强思维灵活性。亲子参加公益活动，可以拓展孩子的视野，增进孩子对社会的了解，获得服务社会或他人的体验；另外，父母或长辈的行为就是一种无声的教育，让孩子学会关心他人，具有大爱的胸襟，学会承担、学会感恩，使好家风的践行和传承水到渠成。

整个活动的目的其实就是在于倡导一种积极的、高质量的陪伴，让家长和孩子共同营造幸福的时光，使孩子感受到家的温馨和亲情的美好。“所有活动都经过家庭会议讨论，确定活动主题和活动内容，共同制订活动计划，分工合作。”这要求渗透出一种计划性、思考问题的整体性，同时也渗透着民主、合作、担当意识，让每一位家庭成员都受到尊重，从中获得价值感和归属感。

要求“做好活动记录，保存好过程性资料（照片、感言、日记、自制表格等），建立亲子实践活动档案”。日后，这些资料带来的是美好的记忆，是成长的见证，是幸福的载体。建议“活动可以由一个家庭完成，也可以和别的家庭或亲戚朋友联合完成”的目的是希望建立家庭社群，形成家庭与家庭之间的联系，有助于彼此间互相学习、互相促进。

相信行动的力量！期待不可预知的惊喜！

二 研究与推动

著名的心理学家格尔迪说：“父亲是一种独特的存在，对培养孩子有一种特别的力量。”英国著名文学家哈伯特也说过：“一个好父亲胜过100个校长。”父亲和母亲一样，在孩子的成长中发挥着不可替代的作用！父亲是男人一生的职业……当父亲意识到这些，他一定会归位的！

父亲参与现状的文献综述

一、缘起

父亲参与既是一个颇有热度和难度的家庭教育问题，又是一个饱受关注的社会问题。对于家庭而言，父亲参与直接影响孩子的健康成长，这已经成为共识。对于学校而言，父亲参与间接影响学校的教育教学，影响家校合作的效果，这也被学校和教师认为是无可置疑的。

基于此，我校将“小学阶段的父亲参与策略研究”作为一个课题进行研究，旨在探索一套促进父亲参与学校教育和家庭教育的策略，达到提高父亲参与的意识，促进亲子关系，让更多的父亲掌握科学的育儿理念和教育技能的目的。

我们围绕“父亲参与”这一关键词，对知网中的近200篇文献进行浏览、分类、深度阅读，以了解国内外在此方面的研究成果。除此之外，还通过百度了解“父亲参与”的社会关注度和相应的活动，查阅关于家校合作的书籍，对“父亲参与”的研究现状有了清晰而深刻的感知。

从历史上看，我国自古就有“子不教，父之过”之说，这说明父亲在家庭教育中扮演着重要的角色。但是，对于我国古代父亲参与的研究几乎没有。

在西方，早在古罗马时期，关于父亲（尤其是父子关系）的研究就已为人们所重视。但是，20世纪50年代起，这方面的研究却被学院派的研究者们舍弃，人们似乎也渐渐地忽略了父亲在家庭教育中不可替代的突出地位和作用。

叶青青和许慧的研究显示①，20世纪70年代以前，中国对亲职教育的研究普遍侧重于母亲职能。直到1975年，Lamb发表《父亲：孩子发展中被遗忘的贡献者》一文，才大大激发了人们对父亲角色研究的兴趣，并开始出现

---

① 叶青青，许慧．父亲参与子女教养研究的回溯与展望［J］．基础教育研究，2013（15）：59－61.

相对系统的研究。进入21世纪，越来越多的研究者将目光转向父亲，研究范围逐步扩大，父职教育在亲职教育中的位置更加凸显，不仅涉及父亲在家庭育儿、家计维持中的角色，还涉及父职教育对子女身心发展的作用，父亲缺位的消极影响，以及探讨影响父亲参与教养的因素、父亲参与教养对父亲自身成长的意义。对父亲参与子女教养的研究方法也从过去单一的理论分析和实证调查，发展为观察、追踪、实验、个案研究等多种方法相结合，研究结果也更加深入和系统。

二、研究现状

（一）父亲参与概念与内涵的研究

父亲参与是指父亲积极地参与到儿童的家庭和学校生活之中，不仅仅是指身体上的参与，还有感情和心理上的参与。① 后来，研究者提出了父亲参与的模型，将父亲参与分为了三种模式：交互性、接近性、责任感。交互性就是指父亲与孩子之间的相互性活动，比如照料、辅导作业等。接近性是指父亲与孩子之间心理方面的交流，父亲能及时回应孩子的需要。责任感是指父亲在儿童的身心健康和照料等方面承担相应责任。

（二）父教缺失的原因研究

对于父教缺失的原因，夏小林认为，“第一，由于我国正处于社会转型时期，社会竞争增强，工作压力增大，导致在家庭中父亲忙于社会竞争，很少关注子女的教育；第二，受文化传统的影响，人们一直都存在‘男主外，女主内’的观念，认为教育子女是母亲的责任，导致父亲淡出家庭教育；第三，加上近年来离婚率持续上升等诸多因素，单亲家庭增多，而单亲家庭的孩子大多随着母亲生活，其结果就是父亲逐渐远离了对子女的教育，导致父教缺失的出现”。②

（三）父教缺失的现状和危害研究

夏小林于2010年对父亲参与子女家庭教育的问题进行研究，调查发现，

① 丁向颖．父亲参与对儿童社会性行为的影响［J］．湖北科技学院学报，2013（7）：144－146.

② 夏小林．父亲参与子女家庭教育的问题研究［J］．长春理工大学学报，2010（12）：46－47.

在小学的家长会上，在座的家长60%以上是母亲，来参加家长会的父亲不超过20%，还有的是家中的老人来参加。天津市家庭教育研究会对1 054位家长的调查显示：父母在子女教育上的付出并不均衡，50%的家庭教育以母亲为主，30%的家庭教育由夫妻共同承担，以父亲为主的家庭比例不超过10%，一半以上的家庭存在父教缺失的情况。

夏小林认为父教缺失的危害在于，影响儿童性别角色发展，影响儿童道德发展，致使犯罪行为产生，影响儿童的心理健康，影响儿童的社会交往能力。

夏小林的研究并不是一家之言，关于家庭教育中父亲参与度低对儿童道德发展会产生影响的还有霍夫曼的研究。霍夫曼发现父亲缺失家庭的男孩比父亲存在家庭的男孩在内部道德判断、愧疚、接受批评、道德价值和规则一致性上的得分要低。同样，Santrock的研究也表明，当相关变量（比如智商、社会经济地位、年龄、兄妹状况等）被控制后，父亲缺失的儿童在道德上的得分比父亲存在的儿童要低。

家庭教育中父亲参与度较低与儿童违法犯罪之间有一定的关系也得到了许多研究的证实。美国加利福尼亚大学的辛西娅·哈博与普林斯顿大学的萨拉·麦克拉纳汉选定了6 403名年龄为14～23岁的男孩，并连续追踪他们到30岁，以探讨父亲缺失与犯罪之间的关系，结果证明父亲缺失的孩子的犯罪率是普通孩子的2.5倍。

许多研究结果表明，家庭教育中父亲参与度较低对孩子心理最常见的影响就是使孩子患上“父爱缺乏综合征”，导致孩子在心理、生理上表现出不良状况。具体表现主要有：情绪沮丧、不求上进、寡言少语、厌恶交友、急躁冲动、喜怒无常、感情冷漠，严重的还可能逃课、早恋、离家出走、偷盗甚至喜欢使用暴力。德日两国的儿童心理学专家联合对两国的3 000多名少年儿童进行了一项专题调查，结果发现，缺乏父爱的孩子年龄越小，越容易患上“父爱缺乏综合征”，而且此病对于男孩的影响更为严重。

朱淑贞采用自编问卷和量表的形式研究了父亲缺失对小学儿童性别角色发展、自尊、生活满意度的影响。结果表明：父亲缺失的儿童在生活满意度上的得分显著低于父亲未缺失的儿童。①

综上所述，要减少儿童道德发展的障碍，降低犯罪行为发生；要消除

---

① 朱淑贞．父亲缺失对小学儿童性别角色发展、自尊、生活满意度的影响研究［D］．福州：福建师范大学，2011.

“父爱缺乏综合征”对儿童心理健康的不良影响，尤其是对男孩人格的不良影响；要避免对儿童社交的负面影响，就应该改变父亲参与不足的状况。

（四）父亲参与对儿童发展的影响

西方研究表明，父亲参与教养的时间投入对孩子行为的发展具有独特和长期的效应。[①] 刘丽莎等人从质和量两个方面深入考察了父亲参与教养对学前儿童社会性发展的影响，研究结果显示父亲参与教养对儿童早期社会性发展具有重要作用。[②] 父亲角色的独特性在孩子的社会性发展过程中的作用是其他任何男性和母亲不可替代的，儿童能够从父亲特有的教养行为、教养方式、思想观念、行为特征等方面获得心理和身体上的支持，从而促进自身社会性行为的发展。

在父亲参与教养对儿童智力发展的影响研究方面，学者基本达成共识：父亲参与能促进儿童智力的发展。如周玲、康康等的研究中论述了父亲对儿童智力的发展，他们认为经常与父亲接触的儿童智商更高。主要体现在儿童从父亲那里得到的认知不同于从母亲那里得到的认知。儿童从父亲那里可以学到更丰富、更广阔的知识。父亲通过与儿童共同操作、探索多种形式的活动可以逐步培养其动手操作能力、丰富的想象力、独立的思考和创新意识及旺盛的求知欲与好奇心，促进儿童智力的发展。[③]

1992 年，孟育群通过测量与分析，论述了不同类型的父亲参与对儿童人格发展的不同影响。他们认为，干涉型父亲管教的子女，一般身心发展迟缓、情绪不稳定、忍耐力差、爱推卸责任，而且依赖性强、缺乏远大理想和目标，而溺爱型父亲可能使孩子变得任性、易动感情，缺乏独立性和创造性，表现出更多的过失。[④] 周玲、金春寒、李星等认为常与父亲接触的孩子，显示出勇敢、强悍、意志坚强等特征，有更强的生命激情。研究表明，父亲参与教养有利于儿童社会适应性的提高，从而发展更好的社交关系。

---

① YEUNG W J, SANDBERG J F, DAVIS-KEAN P E, et al. Children's time with fathers in intact families [J]. Journal of marriage and family, 2001 (1): 136 – 154.

② 刘丽莎，李燕芳，吕莹，等．父亲参与教养状况对学前儿童社会技能的作用［J］．心理发展与教育，2003 (1): 38 – 45.

③ 张丽华．试论父亲在儿童性别化过程中的作用［J］．辽宁师范大学学报（社会科学版），1998 (2): 37 – 39.

④ 孟育群．关于亲子关系对少年问题行为及人格特征的影响的研究［J］．教育研究，1992 (9): 15 – 24.

父亲参与对儿童社会性行为的影响还体现在父亲参与程度对孩子的性别发展具有重要影响。研究表明，如果男孩在家庭中得不到父亲足够的关爱和指导，就会出现女性化的表现；女孩在和父亲相处的过程中，能够获得关爱和安全感，学会对异性做出适当的反应，并且从父亲身上获得异性形象的参照。①

父亲参与的态度和方式对孩子有显著影响，研究表明，父亲权威性或命令性的教养参与方式会增加儿童的问题行为。② 如果父亲对儿童的消极情绪以消极的情感回应，那么儿童的友善行为就会减少，攻击行为就会增多。③

国内外众多研究已表明，父亲参与教养对儿童各方面的良好发展有着积极的促进作用。④ 要让孩子的智力得到更好的发展，要让孩子拥有良好的社会交往行为，要使孩子具有健康的人格素养，父亲参与是必要的。

同时，父亲参与的态度和方式也值得关注，民主型、权威型、放任型等各种不同类型的参与态度和方式对孩子会产生不同的影响。因此，在指导父亲参与的过程中，态度的指导和方法的指导极为重要。

（五）国内对父亲参与的研究与实践

知网收集的有关父亲参与的期刊文献有近 200 篇，足以看出学者对父亲参与的关注。近年来，支持父亲参与的呼声有增无减，尤其是越来越严重的“男孩危机”。“男孩危机”引申出的一个重要课题，就是父亲在家庭教育中的严重缺失。孙云晓在《拯救男孩》一书中特别提到，父亲是儿子人生中的第一个男子汉榜样，“研究发现，充满男子汉气概的男孩，其父亲的教养行为往往是果断的、具有权威性的。相反，如果父亲在家里是软弱无能的，母亲是具有支配性的，那么，男孩对男性的性别认同就会受到严重伤害，男孩会表现出过多的女性化气质。那些攻击性行为很高的男孩，往往有一个软弱、不起作用的父亲；而那些害羞、自卑的男孩，其父亲大多行为专横，对男孩

---

① 丁向颖．父亲参与对儿童社会性行为的影响［J］．湖北科技学院学报，2013（7）：144－146.

② LVINDSEY E W，CREMEENS P R & CALDERA Y M. Mother－child and father－child mutuality in two context：Consequences for young children's peer relationship［J］. Infant and child develop，2010（2）：142－160.

③ JAMES L C，ROSS D P. Reciprocal negative affect in parent-child interaction and children peer competency［J］. Child development，1996（5）：2217－2226.

④ 杨明．父亲参与对儿童心理发展的影响研究述评［J］．教育导刊（下半月），2013（1）：84－87.

漠不关心”。

2012 年，在北京市妇联的支持下，成立了一个致力于提高中国家庭父亲参与质量的非营利性机构——父亲参与促进中心（Promotion Center for Father Involvement，简称 PCFI）。PCFI 联合社会力量促进家庭及社会环境对父亲参与的支持，倡导父亲积极参与育儿过程，提升父亲参与力，给予孩子积极的影响。PCFI 通过公益活动、家庭活动、会议论坛、志愿服务等多种途径为政府部门、家庭、学校、社区、企业提供父亲参与的支持与指导服务。

2012 年 6 月 17 日，第一届父亲参与大会在北京首都师范大学国际文化大厦成功举办，标志着中国父爱教育开启了新的里程。2014 年 6 月 15 日，以“更多父爱，更多陪伴”为主题的第三届父亲参与大会将在北京举行，并向全国多个分会场进行网络直播。①

以上行动以及《爸爸去哪儿》综艺节目的热播，已经传递了父亲参与的诸多信息：一是对传统的父亲参与“可有可无”的否定，即肯定了“父教是母教无法替代的”这一思想；二是认识到父亲参与的态度与方式对孩子的影响是无可比拟的；三是父亲参与不仅能建立良好的亲子关系，而且能促进父亲与孩子的情感升华且建立更加深厚的社会责任感。

三、已有研究的借鉴与反思

（一）借鉴

（1）研究方法上的借鉴。通过文献查阅，我们发现已有的研究所采用的主要方法有文献研究、调查研究、案例研究、观察法等。文献研究让我们在短时间内可以窥一斑而见全豹。调查研究提供了翔实的事实，让我们对现状的把握有了更充分的依据。在我们后续的研究中，文献研究、调查研究、案例研究、观察法等对于我们的研究具有借鉴的价值，依然是我们开展行动研究的主要方法。

（2）研究内容上的借鉴。已有的研究对于父亲参与的影响、现状、内涵等进行了较为深入的、全面的分析，而且达成了共识。这些文献为我们进一步的研究提供了厚实的实践和理论依据，既让我们在研究的过程中更加有针对性，少走弯路，又能启发我们思考。

---

① 参见 http://blog.sina.com.cn/s/blog_899ddfa901015d5d.html.

(3) 理论上的借鉴。诸多的关于父亲参与的研究，对于父亲参与的必要性，都有确凿无疑的理论依据，例如班杜拉的社会学习理论、家庭系统理论等，这些理论是我们进一步研究的思想基础和理论支撑。

(二) 反思

纵观国外的研究，采用的研究方法是多样的。但是，我国的研究方法较为单一，几乎采用的都是文献研究，基本沿用国外的研究方法和研究思路，没有走出书斋，没有在实践中进行调查，缺乏确凿的案例，更没有植根于我国的实际，密切联系我国的传统文化，因而，缺少中国特色的、本土文化背景下的父亲参与研究。①

既然现有研究的成果和著述颇为丰富，为什么父亲缺失仍然是现代家庭中普遍存在的现象？

第一，虽然多如牛毛的研究成果都昭示了父亲教育的重要性，但是由于成果推广不到位、宣传不到位、反响不大，更多的父亲并没有接收诸如此类的信息，并没有意识到父亲缺失的严重程度，其传统或固有的思想改变不大，甚至没有改变。

第二，由于缺乏体验性的活动，父亲难以产生切身感受。父亲并没有深刻感受到孩子对自己的需要，并没有真实地体验到其在孩子成长中的作用。

第三，缺乏机构主动承担父亲参与家庭教育的指导和帮助。父亲教育孩子很多时候是凭经验或主观臆断，很容易给孩子带来不良影响。

另外，诸多的研究多是揭示父亲参与对儿童成长的影响，但对于问题的解决，即如何提高父亲参与度和改善参与方式并没有提出更好的建议。

根据系统开放理论，教育是个系统工程，家庭教育中的父亲参与不是个人的事情，社会也同样有不可推卸的责任。社会上的教育管理部门和学校也要意识到父教的重要性，共同承担父亲参与的责任。

对于学校而言，家校合作越来越受到重视，但父亲参与这一热点和难点问题却没有得到足够的重视。抑或是大家心照不宣，无力改变，因为大家都还没有找到一条更好的途径、一套行之有效的策略。

“爸爸去哪儿”是一种追问，更是一种呼唤。因此，我们的研究价值显得尤为突出。我们要分析学校父亲参与的现状和成因，增强父亲参与家庭教育

---

① 朱红梅．我国父亲参与教养对儿童心理发展的影响研究述评［J］．考试周刊，2013（47）：171－172.

的意识，掌握科学的教育方法；我们要让父亲参与学校活动，进入课堂，以弥补学校教育资源的不足和男性教师的不足。总之，要创新父亲参与的方式，丰富传统的家校合作机制，形成父亲参与案例，探索可供推广的学校主导下的父亲参与策略。

“小学阶段的父亲参与策略研究”课题研究阶段总结

从2014年开始，“小学阶段的父亲参与策略研究”课题正式启动，历时一年。现将研究工作总结如下：

一、加强学习，重视文献研究

课题组通过知网查阅了30余篇家校合作和父亲参与的相关论文，阅读了《父亲参与研究：态度、贡献与效用》《家长教育导论》《家长学校建设理论与实践》等著作。

通过文献阅读和研究，我们了解到目前国内外学者进行了以下几个方面的研究：社会现状（人们的认识以及需求）；父亲参与概念与内涵研究；父亲缺失的原因研究；父亲缺失的现状和危害研究；父亲参与对儿童发展的影响；已有研究的借鉴与不足。

通过文献研究，我们对已有的研究方法、研究内容进行了分析，并选择了值得借鉴的资源，使得我们在课题研究的道路上少走弯路，同时也明确了以往研究的不足。比如：第一，研究方法较为单一，几乎都是采用文献研究，基本沿用国外的研究方法和研究思路，没有很好地将我国的传统文化结合起来，缺少中国特色的、本土文化背景下的父亲参与方式的研究。第二，既然现有研究的成果著述颇为丰富，为什么父亲缺失仍然是现代家庭中普遍存在的现象？

通过文献研究，我们了解了国内外家校合作的诸多模式，在父亲参与的研究中可以适当采用；通过文献研究我们为父亲参与找到了理论支撑，比如教育生态理论、教育系统理论、社会心理学理论等。

在认真查阅、研究文献的基础上，课题组撰写了《父亲参与现状的文献综述》。文献综述的撰写有利于课题组对既往的研究做到心中有数，使得研究方向和内容、重点更为清晰，为课题研究工作的进展奠定了良好的基础。

二、积极研讨，确定研究方案

（一）课题开题，专家指导

2015 年 1 月 27 日下午，我校举行了由广州市妇联立项的“小学阶段的父亲参与策略研究”课题开题会暨校本培训。课题组邀请了广州市教研院德育指导中心主任蒋亚辉、广州市妇联少儿部部长许东雨、广州市妇联少儿部处长邢小宁担任本次开题会的专家。开题会由蒋亚辉主任主持。课题负责人郑蕙校长宣读了开题报告书，她从研究的目的及意义、国内外的研究现状、课题理论依据、课题研究的内容等几个方面进行了全面而清晰的阐述。随后进入专家论证环节。三位专家对我校此课题均表示高度肯定。蒋亚辉主任认为：“这是一个别开生面的开题会。此课题得以立项足以证明广州市妇联对我校工作和家长学校取得的成就的高度肯定。开题报告很规范、专业，选题有时代性和针对性……”许东雨部长认为：“从学校邀请全体教师参加这个开题会可以看出学校对课题研究很重视……”邢小宁处长认为：“开题报告规范、翔实、系统、操作性强，目标清晰……”为了课题的有效推进，三位专家还给课题组提出建议和希望：文献研究中加入国内基础教育中父亲参与的经验；开题后尽快开展相关工作，早日形成高标准、有分量的研究报告等。课题组全体教师积极回应，并提出疑惑，专家一一给予指导。通过专家的诊断、评价，课题组对课题研究的目标和方向更加明确。

（二）课题组定期研讨

开题后，课题组召开了研讨会，针对专家的意见进一步完善了课题方案。

课题组每月集中研讨一次，对调查问卷、个案的确定、数据分析等问题进行交流，既有理论学习与分享，又有研究心得交流，更为重要的是提出问题，进行思维碰撞，获得灵感。课题组成员能群策群力，为课题研究工作出谋划策，并乐此不疲。

三、开展活动，探索参与策略

课题组在前期准备活动的基础上设计了一系列推动父亲参与的活动。在活动设计的时候，课题组将孩子的家庭大致分为三种类型：一般家庭（父亲在身边的）、爸爸经常出差的家庭、单亲妈妈家庭。

（一）一般家庭

为了提高父亲参与的意识，让爸爸们认识到父亲参与的不可或缺性和父亲参与对孩子健康成长的重要影响，课题组召开了两场针对爸爸的专题讲座，分别是《父爱如山》和《父教——母亲无法替代的作用》。第二场讲座前还安排了《爸爸去哪儿》的歌舞表演以及由学生代表宣读父亲节时写下的“为父亲点赞”的感言。两次讲座的参与率达到90%（除了出差在外的爸爸），爸爸们在反馈表中纷纷表示收获很大，未来孩子的成长过程中一定会更积极地参与、更科学地参与。

为了切实提高参与的效果，课题组成员抓住每个契机，集合父亲参与这一重点，策划了“爸爸在行动”主题系列活动，如“学爸运动”“爸爸进课堂”“学爸技能”“学爸看新闻”“和爸爸一起过端午”等。每一次活动都要求写下活动的感受、拍下照片或用绘画的形式记录孩子和父亲在一起的情景。每一次活动后，课题组都对收集的资料进行分析和研究，发现：一是爸爸参与的积极性高。二是参与的效果好，孩子不仅掌握了知识技能，还从爸爸身上感受到了勇敢、坚毅、积极克服困难、自信等品质；爸爸在互动中进一步了解了孩子，看到了孩子的优缺点，从而反思自身的教育行为；活动还促进了家庭和谐，有利于营造健康的家庭教育生态环境。

此外，课题组还通过网络、书籍、杂志等渠道搜集了十个父亲参与的案例，编辑成《学吧，学爸》小册子，印发给每一位孩子的爸爸。课题组推荐孙云晓和李文道的《好好做父亲：男人最有价值的投资》一书，以提高父亲的参与意识。

（二）爸爸经常出差的家庭

对于爸爸经常出差的家庭，除了爸爸出差回来尽可能地参与学校的活动外，课题组建议爸爸们充分地利用现代媒介和孩子交流，让孩子了解自己的工作性质、岗位职责，同时及时与孩子分享和交流自己的见闻和体会，适时地表达对孩子的关心，让孩子感受到父爱就在身边。有一位二年级的孩子，爸爸长期在北京工作，父女俩常常在视频中见面，爸爸可以看到孩子的作品、孩子可以听到爸爸的歌声，其场面也是很感人的。

（三）单亲妈妈家庭

随着社会的发展，家庭面临的挑战越来越大，离异家庭越来越多，孩子的教育缺憾也越来越凸显。离异家庭中，绝大部分都是妈妈带着孩子，即单亲妈妈家庭。单亲妈妈家庭父教缺失是毫无疑问的。

为了弥补单亲妈妈家庭的父教缺失，课题组召开了部分单亲妈妈座谈会，指导单亲妈妈可以从以下几个方面弥补孩子父教缺失：一是保持平常心，支持孩子定期与爸爸交流；二是保持积极的心理，让孩子感受到妈妈们的大方、自信、坚毅、独立；三是让孩子多接触家族、同事或朋友中的男性长辈；四是多带孩子参与社会实践活动，培养孩子自信、阳光的态度，提高孩子的实践能力，开阔孩子视野；五是妈妈不要因为愧疚感而满足孩子不合理的要求。

四、总结规律，得出研究结论

通过调查问卷、访谈、个案研究、活动参与与反馈及观察，课题组得出了如下结论：

（1）父亲参与，学校有可为。只要学校发挥引导作用，父亲就能够更多地参与孩子的教育过程，包括家庭参与、学校参与和社会参与。

（2）父亲参与，应晓之以理、动之以情、导之以行。通过讲座、阅读、活动使父亲意识到父亲和母亲一样在孩子的成长过程中不可缺失，父亲同样需要承担教育孩子的责任，同样需要掌握科学的家庭教育方法，为孩子的健康保驾护航。通过亲子活动，促进亲子关系，在活动中激发情感、感受亲情、触动心灵，增强父亲的榜样作用。

（3）父亲参与，有利于构建和谐的家庭，优化教育生态。父亲参与家庭教育，适当地为妈妈减负，有助于良好的家庭氛围的形成，可以有效地促进和谐家庭的形成；父亲参与家庭教育，让孩子既感受到女性的细腻与柔美，又感受到男性的伟岸与粗犷，有助于性别角色的认识；父亲参与学校教育，可以有效地弥补当今小学男女教师比例失调，男性教师严重缺失的现状；父亲广博的知识和技能丰富了学校的课程资源，可以拓展孩子的视野。

（4）父亲参与，丰富了家校合作和家长学校的理论与实践。父亲参与是一种新型的家校合作模式，有利于弥补以往家校合作中的不足，为家校合作的理论与实践提供借鉴。

五、存在的问题

（1）第一次问卷调查的问题过于复杂，不利于统计和分析。今后在问卷设计的过程中要更加有针对性，而且要考虑问题是否便于统计。

（2）在“爸爸进课堂”活动过程中，爸爸的感言和孩子的感言没有及时记录。

（3）在研究过程中，注重质性的描述，量化的研究比较少。

（4）课题组教师工作量大，有的个案没有及时跟进和记录。

好好做父亲

——读孙云晓、李文道《好好做父亲：男人最有价值的投资》

父亲教育缺失是家庭教育的热点和难点问题。由于传统思想的影响、现代社会生存的压力、性别差异等因素，在绝大多数的家庭中，父亲永远是教育的配角，家庭教育永远处于失衡状态。但是，如果在孩子成长过程中教育营养严重不均衡，其后果可大可小，小则造成性格畸形，大则令其陷入囹圄。可见，父亲参与的作用不可小觑。

我们不奢望每一位父亲都完完全全地回归到本来的位置，我们不奢望每一位父亲都像母亲那样照料孩子的饮食起居、关注孩子成长的每一个细节，我们不奢望每一位父亲都能陪伴在孩子身边。但是，我们希望父亲更多地参与孩子的教育，更多地关注孩子，更多地陪伴孩子。同样，我们希望孩子能更多地感受到父亲的气息，希望孩子能更多地感受到父亲的力量，希望孩子能更多地感受到父爱如山！

于是，我选择了一个课题，来研究如何让父亲“比原来更多地”参与家庭教育。这个课题的名称是“小学阶段的父亲参与策略研究”。为此，我查阅了诸多资料，有来自知网的数十篇关于父亲参与的论文，有关于国内外家校合作和家长学校的书籍，有关网站的消息和报道。这些资料让我失望而又欣喜！失望的是，几乎所有的文献都在论述父亲参与对孩子的影响，而且国内的研究几乎都来自文献，关于如何让父亲参与几乎就是空白。欣喜的是，我看到了充分的论述也看到了翔实的数据，足以说明这个研究的价值，也足以佐证我的课题的意义。当然，更为重要的是，策略研究的空白为我们的研究留下的是可以发挥的空间。

为了获得更多的资讯，为了更加全面而深入地充实自己，我找到了《好好做父亲：男人最有价值的投资》这本书。这应该算是一本畅销书，“上市加印 15 次，销量突破 10 万册”，这本书是教育专家孙云晓老师和李文道老师“沉淀十年之作”。不知道我们学校的家长是否看过，但我认为这本书必须推荐给家长，尤其是爸爸们。

在序言中，作者就开宗明义地提出好父亲的 8 种品质：好父亲是认真负责、敢于担当的；好父亲是意志坚定、百折不挠的；好父亲是勇敢独立、不怕风险的；好父亲是目光远大、积极选择的；好父亲是是非分明、坚持原则的；好父亲是胸怀宽广、大度包容的；好父亲是勤劳节俭、自律自制的；好父亲是爱好运动、顽强不屈的。

第一章“父亲，意味着什么”这个主题强调了父亲参与的重要性。因为无论是对孩子还是对妻子，无论是对他人还是对自己，父亲的内涵都是丰富而唯一的。

第二章“我们今天如何做父亲”不仅让为人父者意识到责任也充满了信心，学会如何做“智慧型父亲”“宽容型父亲”“体贴型父亲”“沟通型父亲”。

第三章“好爸爸，与孩子一起成长”详细地叙述了从妻子怀孕到孩子青少年时期的各个阶段中父亲的责任和行动。

第四章“再忙也要做个好父亲”则结合现代社会的特点和现代孩子的特征，提醒为人父者不要将忙碌作为逃避育儿的借口，而应该掌握一定的方法和技巧，把教育孩子放进自己的日程表中，用各种方式表达对孩子的爱。

第五章很有意思——“好老爸，爱妻造”，自然讲述的是作为妻子的母亲在父亲参与的过程中应发挥的作用。妻子要有平衡教育的意识；妻子要鼓励和欣赏丈夫，维护丈夫在孩子面前的正面形象；妻子要学会让位，敢于撤退，要给丈夫创造教养孩子的机会。是呀，“女汉子”时代，如果母亲自身修养不够加之有意无意地“贬损”，的确令很多父亲在孩子面前灰头土脸，毫无高大形象可言。

这是一本很通俗的书，适合所有的爸爸阅读，其中既有一些关于孩子成长的心理学知识（毫不晦涩），又有具体的操作指导。最大的特点是为读者提供了翔实的案例，既有正面的成功人士，如李嘉诚、麦家，又有反面的犯错典型，如徐力、药家鑫、李天一。当然，作者本人就是成功的父亲。

此前，新闻媒体频频爆出艺人吸毒事件，令人诧异的是其吸毒年限长达8年，但父母一无所知。其父亲悔不当初，痛彻心扉，这又是一个父教缺失的典型，这正应了《好好做父亲：男人最有价值的投资》封面上的一句话——“父教缺失的孩子可能终生‘缺钙’”。我想，天下所有的父亲都该警醒。

好好做父亲！男子最有价值的投资就是好好做父亲！

我希望，爸爸们看过《好好做父亲：男人最有价值的投资》之后，会重新审视自己的角色，会好好做父亲！

父爱如山

——小记“爸爸在行动”主题系列活动一

等我到了阶梯室的时候，里面已经座无虚席。原来是我低估了我们的家长，爸爸就是爸爸，大丈夫就是大丈夫，时间观念就是强！之前我还担心家长们会因为下雨的原因而姗姗来迟，看来，我多虑了，我为自己的“小人之心”深表歉意！

今天是我校家长学校“爸爸在行动”主题系列活动的第一讲。很显然，之所以策划这一主题，主要基于一个越来越显著的教育问题，也是一个突出的社会问题——父教缺失与错位。传统的观念加上生存的压力，让父亲的社会责任越来越大，家庭责任越来越无暇顾及。因此，经常有爸爸透露自己的无奈，有的说自己回家时孩子已经熟睡，孩子上学时自己却还在酣睡；有的说为了生存，孩子只能无奈地寄养在亲戚家；有的说单位应酬太多，几乎没有陪伴孩子的时间；有的说孩子似乎很怕自己，但是又似乎很想和自己待在一起；有的说面对孩子的坏习惯不知所措……

今天，我们邀请的是一、二年级的爸爸们，其他年级的班主任获悉这个活动消息后通知了自己班里好学的爸爸们。

环视会场，清一色的男士中竟然还有几朵“红花”，她们是几位漂亮的妈妈，而且都是我熟悉的面孔。有的是跟着先生一块过来的，有的是身兼爸爸、妈妈角色的单亲妈妈，有的是先生出差在外而不得不“越俎代庖”，有的是由于重任在身而不得不由妻子客串一回……

受邀讲课的是一位优秀的教育专家，是一位当之无愧的模范丈夫，当然也是一位难能可贵的伟大的父亲。他的孩子独立而阳光，早已崭露头角，颇为出色。

他从自己严慈相济的父亲身上“感受父亲”对孩子的影响，他借三位有为的父亲的著作“学习父亲”，他在儿子成长过程中“实践父亲”，他通过营造温馨和睦的家庭、培养健康人格、树立正确的教育观念、形成科学的教育方法“当好父亲”。案例平实而生动，语言真诚而凝练，爸爸们专心倾听的神情让我欣慰又感动。

是的，作为孩子的父亲，首先要承担责任——社会的责任，维系家庭的责任，营造良好家庭环境的责任，为孩子树立榜样的责任。你是如何对待自己父母的、如何对待孩子母亲的、如何对待你的亲戚朋友的，你的一言一行都映入孩子的眼中，刻在孩子的心底。你希望孩子成为怎样的人，你就应该首先成为或努力成为那样的人。

作为一位专业的教育工作者，讲课的老师还与我们分享了自己在妻子怀孕期间对妻子的呵护，让妻子拥有好的身体和一份好心情；孩子出生以后自己亲自照顾。同时总结了孩子在 6 岁之前，父亲是孩子的卫士，重在陪伴孩子；小学阶段，父亲是孩子的教练，既给予孩子自由又要建立纪律约束，让孩子具有规则意识；中学阶段，父亲则成为孩子的伙伴，与孩子平等对话；到了中学以后，父亲则是孩子的导师，成为孩子的精神引领者。

这位用心的、专业的父亲，在妻子懊恼孩子乱扔东西的时候，竟然和孩子一起扔东西。原来，醉翁之意不在酒，而在这个其乐融融的过程中，他是在启发孩子，让孩子分辨不同物体掷地有声的“声”有何异同，同时教育孩子养成好习惯。他还曾经与孩子陶醉在沙池，他还和孩子共同背诵了 200 首儿歌，他能够随心所欲地为孩子展示简笔画的神奇……父亲的智慧就在于此，这才是真正的父爱如山！

对于这位专家，之前我只是因为工作的关系而多次接受过他的指导，今天，他的“为父之道”更让我看到他刚中有柔的另一面，不由得更加肃然起敬！我相信，在场的爸爸们也一定被感动了。

结束后，一位爸爸说，这是他听过的最好的一次讲座！让我们来看看，爸爸们在反馈表上的肺腑之言：

“通过这次培训，让我知道了父亲这个角色对小孩成长的重要性，我以后一定会努力地扮演父亲这一角色，培养好孩子，让他成长为对社会有用的人才。”

“这次活动，梁老师分享了自己对父亲的印象，介绍了几位成功父亲对子女的教育以及对于孩子的每一个阶段的不同培养方法和感受。通过讲解，让我感受到做一个好父亲一定要树立好榜样，拥有正确的教育观念和方法。”

“通过这次培训，深刻体会到教育孩子的重要性。日后无论工作多么繁忙都要花时间来陪伴孩子，督促孩子的学习。教育不是一件简单的事，还要讲究方法。空闲之余，我还需多学习教育方法、技巧等知识，争取做一个好爸爸。”

总体评价同样值得期待！每一次活动结束后，我都会对满意率进行统计。今天的数据如下：签到的家长一共有128位，认为“一般，有一点收获”的3位，占2.3%；认为“较好，有收获”的5位，占3.9%；认为“很好，收获很大”的120位，占93.8%。

看到这种结果，我觉得今天的目的已经达到了！“祝愿我们的家庭美满，孩子健康成长！”这是专家的祝福，也是我的心声！

为“父教”点赞

——小记“爸爸在行动”主题系列活动二

很喜欢哼唱一首歌，歌词中大概有这样的内容：“白鸽奉献给蓝天，星光奉献给长夜，我拿什么奉献给你，我的小孩……白云奉献给草场，江河奉献给海洋，我拿什么奉献给你，我的朋友……”我的心境就如同这首歌的歌词。

对于即将到来的活动二，我们该给三、四年级的爸爸们带来怎样足以震撼心扉，甚至刻骨铭心的话题和内容呢？我苦苦地思索着。如果我们的主题系列活动不能打动心扉，我们的目的就没有达到；不仅如此，对于忙碌奔波的爸爸们来说，就是浪费时间、浪费生命。因此，我们要给予他们既有意义又有意思的一次体验，让他们觉得不虚此行，让他们深刻地感受到在孩子的成长过程中父亲无法替代的作用，从而转变理念，改变行为，扮演好父亲的角色，促进孩子健康成长。

父亲节前夕，6 月 11 日下午 5 点多，目送着一位位家长离开校园，他们或是满含微笑，或是颔首示意，或是情不自禁地伸手相握，向我传递着谢意，连全校闻名的“小调皮”黄桦的爸爸也连声道谢，说是获益匪浅……当我回到办公室，怀着期待的心情翻阅完家长们的反馈意见时，我才真正有一种如释重负的轻松感和如饮甘饴的幸福感！

这次“爸爸在行动”主题系列活动由四个环节组成：四年级（3）班孩子的歌舞表演《爸爸去哪儿》、专题讲座《父教——母亲无法替代的作用》、交流与互动、孩子们朗诵献给爸爸的父亲节心语。

第一环节，在熟悉的旋律中，活泼的孩子们个个进入角色，舞台是他们的、世界是他们的。率真的表现、童稚的演绎带给爸爸们的是什么呢？看看爸爸们那专注的神态，我的解读是：感动、惊喜！热烈的掌声传递着对孩子们的肯定，也传递着父爱的力量。

第二环节的专题讲座，我可是自编自导自演！足足花了好几个晚上的时间去构思题材，精选案例，制作 PPT，从网上下载一些自认为还比较符合内容的图片。终于从杜小宜校长主编的《培养精英（金色版）》这本家庭教育书籍中，找到了“父教——母亲不可替代的作用”这一主题，真有一种“众里寻他千百度，蓦然回首，那人却在灯火阑珊处”的感觉！我选用了一些内容，依然以“父教——母亲无法替代的作用”为题，从四个方面阐述了这一核心：其一，父亲要成为孩子的精神支柱；其二，重视体育教育；其三，帮助孩子发展良好的个性品质；其四，帮助孩子性别角色正常发展。论及“父亲要成为孩子的精神支柱”，给出“要陪伴孩子”的建议后，我引用了一个《十美元》的故事。我以为会有爸爸读过或听过，但没有，倒是有些孩子（邀请了部分孩子共同参与）听过。故事大意是，一个男孩向爸爸借 10 美元，加上自己的 10 美元，就可以购买爸爸一个小时的时间，为的是让爸爸早些下班和自己共进晚餐。故事的最后一句是孩子的话：“爸，我现在有 20 美元了。我可以向你买一个小时的时间吗？明天请早一点回家，我想和你一起吃晚餐。”我的声情并茂加上作者的“故弄玄虚”，是否触动了爸爸们心底的柔软，是否令爸爸们眼睛湿润呢？

在“重视体育教育”部分，我引用的案例是我从小对孩子的体育熏陶：孩子从小就学会拍皮球，五六岁的时候开始在家里的椭圆桌上展开乒乓球大战，双休日车里总有三个球（排球、足球、篮球）在后面滚来滚去……孩子长大后，在诸多的爱好中学会了自由选择，现在他已经是北大物理学院篮球队队长。“体者，载知识之车而寓道德之舍也”，是体育让他更具意志力，是体育让他学会合作，是体育促进他智力和个性的发展。北大的学习非常紧张，在紧张的学习之余，他尚能保持对篮球运动的执着，作为家长，我深感欣慰！说到此处，不免有王婆卖瓜、往自己脸上贴金之嫌。但对于家长而言，或许更亲切、更有说服力吧，“举贤”还不“避亲”呢！

谈到“帮助孩子性别角色正常发展”时，我列举了一些具体的案例，说明了父教缺失容易导致男孩女性化和女孩男性化，说明了父亲角色的失当容易导致女孩将来家庭生活的不幸。同时，我强调了父亲在幸福家庭中的作用，强调了父亲应该用男性的包容、宽厚和粗犷去维护和营造良好的家庭氛围，“好的夫妻关系是送给孩子最好的礼物”！

交流与互动环节并没有我想象中那么热烈。但是，当我们将话筒递到家长手中时，家长们也毫不推脱，有的三言两语，有的侃侃而谈；有的分享今天的收获，有的剖析自我。爸爸们真挚的表达令我深为感动！

最后一个环节，八个孩子每人读两份激情洋溢的父亲节给爸爸的感言，每一份感言都写在一张特制的明信片上，明信片由某家公司友情赞助。

“爸爸：您一定要注意身体，太过劳累就要休息，不要总是把工作挂在嘴边。快乐很重要，平时要去做运动。还有在家里，您对我很严格，不过您的教导是为我着想，您真是用心良苦。父亲节快乐。”

“老爸：在我的成长路上，少不了您对我的关爱。虽然您对我的爱并没有妈妈那么明显，但是，您对我的爱正体现在生活的细节中啊！您的爱是那么深沉。老爸，在工作中您也很拼命，您总是早起晚睡，您头上的白发不就证明了这些吗？老爸，您可要注意身体哟！少抽烟。爸爸，I love you……”

“爸爸：您的爱就像涓涓细流，无声，却滋润着我的心田。您为生计而辛勤工作；为生活而滋生出根根白发。在今后的日子里，我将用我学业上的进步来报答您的精心栽培。在此，我为您的爱，真心地点‘赞’。”

孩子们稚嫩的声音回荡在每一位爸爸的心房，牵动着每一位爸爸的思绪。回观爸爸这边，再一次出现了几乎是屏息凝视的场面！感动和欣喜再次袭来。

“培训之前，我只是个合格的爸爸；培训之后，我要做个优秀的爸爸。”

“以后要多陪陪孩子，不要有任何借口。”“培训是最好的借鉴。”“感谢学校组织了这次培训，获益匪浅……”翻看着一张张反馈表，爸爸们的真情告白让我深受鼓舞，陡然间感受到了“意义”和“意思”的完美结合！

91 位爸爸参加活动，2 位爸爸的评价为“较好，有收获”，其余都是“很好，收获很大”，感谢真心点“赞”！爸爸们，就看你们的行动啰！

父爱如山　侠骨柔情

——小记“爸爸在行动”主题系列活动三

学校主导的“爸爸在行动”第一阶段系列活动即将拉上帷幕。当然，对于整个行动和家庭教育而言，还仅仅是开始。

系列活动三的主题是“感恩父亲，感受亲情”。借父亲节之东风，学校给爸爸和孩子布置了一些体验“作业”，请看导语“亲爱的同学们：每年六月第三周的周日就是父亲节，今年的父亲节在 6 月 15 日。面对即将来临的父亲节，你有怎样的惊喜带给亲爱的爸爸呢？不论你有怎样的行动，请同学们邀请爸爸共同来完成以下活动（选择不少于 2 项）：一件手工作品、一份手抄报、一次参观活动、一次体育锻炼、一次亲子阅读、一场棋类比赛、一幅美术或书法作品、一场电影……这些活动由你和爸爸共同决定，活动结束后请和同学分享你和爸爸共同完成的作品和你们的感受，另外还要用笔记下爸爸和你的感受哦！对了，请邀请妈妈参与你们的活动并担任摄影师吧！”

摆在我面前的 16 个文件袋装着 16 个班的爸爸和孩子的感言，我随机抽取了几沓，带回家。我相信，这些感言一定会给我带来惊喜！果不其然，看完之后我情不自禁打开了电脑，决定要留下触动我心扉的文字。

几乎每一份都让人心动，确有一种欲罢不能的感觉。“父爱如山”“侠骨柔情”“无情未必真豪杰”“怜子如何不丈夫”“一个好父亲胜过 100 个校长”……这些词句一一从我的眼前走过。

一份份感言，字里行间流露的是爸爸对孩子深沉的爱，是和孩子共同活动的快乐，是收到孩子礼物时的惊喜。爸爸们一致认为：这次活动拉近了与孩子的距离，增进了彼此的感情，父子（女）都很开心。通过这次活动，他们感受到孩子对爸爸的关切，对爸爸的敬重和理解，以及对父爱的感受和渴望。

一份份感言，字里行间流露着爸爸们的教育智慧，在活动中渗透做人、做事、学习的道理，潜移默化影响着孩子。这就是教育无痕的艺术！

一份份感言，字里行间流露着爸爸对孩子的重新发现，看到孩子身上有许多让自己感动、欣慰，甚至是羡慕的东西。孩子也重新认识了爸爸，感受到爸爸对自己的信任，感受到爸爸男子汉的气概，同时也增加了对爸爸的崇敬之情。

一份份感言，字里行间流露着柔情蜜意，偶尔也能看到爸爸的愧疚与反思……

爸爸出差不在身边怎么办？有的妈妈身兼两职，带着孩子活动，不过孩子依然表示“希望下次能和爸爸一起玩”。是啊，父亲是不可替代的。有的孩子给爸爸发祝福的短信或电话问候。一诺妈妈颇费心思，让孩子和爸爸视频，听爸爸唱英文歌曲。我仿佛感觉到，这种其乐融融的幸福充满家里的每一个角落。

我为爸爸们欣慰而感动，更为孩子们欣慰而感动！因为这一天，因为这次活动，不仅仅是爸爸们的节日，是孩子们的节日，更是一个家庭的节日！

“爸爸不管多忙每天都会抽出一点时间与我聊天，这是我最美好的时光。在我心中爸爸有权威感和约束感。我非常喜欢和爸爸在一起。”这不仅仅是一个孩子的心声！

衷心地希望，在未来的日子里，每一位爸爸在家庭教育中都不要缺失，要和妈妈一起，共同为孩子们营造一个丰富的、充满活力和笑声的家庭环境，让孩子健康成长！

让我们一起感动吧！

一、爸爸感言

（1）一年级（1）班孩子爸爸：今天，我们一家到黄埔古港参观，作为庆祝父亲节的一个活动。这一天的活动既促进了父女间的感情沟通，加深了父女间的感情；又培养了孩子的责任心、同情心、自尊心、自信心……教育孩子是家长、学校、社会共同的事情，而亲子活动也是教育孩子的有效途径。

（2）一年级（1）班孩子爸爸：今天是父亲节，孩子的一声“爸爸，节日快乐”已经融化了我这个顶天立地的男子汉的心。从儿子出生、学走路、学说话到上小学，每天能够看着他，陪伴着他一起学习，分享生活和学习的点点滴滴，开心和失意都是甜的，都是值得我记住的美好回忆。孩子是我们的希望，为他们付出都是值得的，是理所当然的，也希望孩子们能感受到这份沉甸甸的父爱！

（3）一年级（1）班雨欣爸爸：……今年的父亲节，收到女儿亲手制作的礼物，还有一声甜甜的问候，外加一个香吻，让我这个做父亲的很感动。

（4）一年级（1）班孩子爸爸：通过和孩子一起进行亲子阅读，共同探讨了宇宙、月亮的形状，飞碟等科学现象和科学知识，加深了孩子对世界的认识和学习的欲望，也加深了父子之间的感情。父亲和孩子，更应该是朋友，一起学习、一起探索、一起进步、一起成长。这个世界博大、复杂和神奇，面对许多深奥的未知领域或知识，父子之间应该形成良好的、平等的、互动的亲子关系和学习氛围，这不仅能让孩子进步，也能增强我本人的学习意识和进取心。加油，孩子，我会与你永远在一起！

（5）一年级（1）班一诺爸爸（妈妈代笔）：我们家的一诺越来越懂事了，居然喜欢听英文歌曲。爸爸希望多介绍些英文歌曲给一诺听。希望有一天，一诺能给大家演唱这样的歌曲。爸爸通过视频接受了父亲节的祝福，很开心！希望以后能跟一诺一起演唱。

（6）二年级（2）班锦辉爸爸：一年一度的父亲节又到了，作为父亲的儿子和儿子的父亲，我对父亲充满感激之情，对儿子满怀期望，希望他每天都开开心心，健康成长。今天我和他在南雅小区内打了场乒乓球，十分开心。广州市图书馆、广东省博物馆也经常留下我们的足迹。每当他在学校调皮、不专心学习，甚至遭到老师投诉时，我就觉得很惭愧，这是我这个做爸爸的没教育好的结果啊！期末到了，孩子，希望你努力努力，取得好的成绩吧！

（7）二年级（2）班骏泽爸爸：骏泽一天天地长大了，也懂事了，让我备感欣慰。父亲节的这天，他说出对我的祝福，让我很开心。平时由于我工作繁忙，很少有机会陪伴在骏泽身边，也许我错过了他成长过程中很多的精彩瞬间，我很内疚。感谢学校组织这样的活动，唤起我和儿子间对彼此的重视。今后我会更加重视对他的家庭教育，让他成为一个优秀的人。

（8）四年级（3）班施颖爸爸：6 月 15 日这一天，我和女儿达成共识，共同完成一顿晚餐。女儿负责洗菜、煮饭，我负责切肉、炒菜，我们边做边聊天，感觉很愉快。在这一刻，我发现女儿改变了很多，以前做事总是拖拖拉拉，现在做事细心认真，思想也成熟了很多，我觉得很欣慰。我希望在以后的日子里，她能走得越来越好，活出自己的一片天空。

（9）四年级（3）班嘉颖爸爸：今天，我和女儿一起去看了一场电影，开展了一次亲子阅读。我感受颇深。

我非常感谢学校给我和女儿提供了一次相互深入了解的机会。我今后要多花时间陪伴孩子，尽可能完善自身，要当好孩子的精神支柱和榜样。

孩子，就像一本书，当我们读懂了他们，感受到的便是一种喜悦、平静与能量的传递；而当我们固守一种模式，缺乏观察与理解，没能读懂他们，却尝试去强制改变时，带来的往往是焦虑、紧张与冲突……

正是今天，让我略微知道今后应该怎样去帮助孩子，打开并触动她内心最宝贵的东西——聪明才智、创造性、责任感以及为他人着想的意识与能力。

（10）四年级（1）班泳欣爸爸：古人云“子不教，父之过”，可见爸爸对孩子的成长有多重要。所以，只要有时间，不，没有时间也要创造时间，用父爱为孩子撑起一片蓝天，使孩子拥有灿烂的人生。周末，我们一家人到公园健身区去锻炼，公园里回荡着我们的笑声。随着孩子一点点长大，独立性和生活自理能力逐步增强，孩子已不再满足于以往仅和妈妈在一起的圈子了。这时，作为爸爸要以平等、平行的方式给孩子提供更多的学习机会，在百忙中抽时间陪伴和教育子女。

（11）四年级（2）班子阳爸爸：今天是父亲节，我不由想起远方年迈的父亲，也就是孩子的爷爷。我小时候，生活条件很差，父亲为了全家不辞辛劳，日夜操劳，再苦再难都满怀希望地坚强生活。

如今，生活条件比以前好了很多。希望孩子能珍惜现在的大好时光，好好学习。就像我们今天打乒乓球，只有不怕苦不怕累才能打出好成绩。在孩子以后的人生道路上，会遇到很多困难和挫折，希望孩子能努力克服，顽强拼搏。做一个堂堂正正的男子汉，爸爸相信你！

（12）五年级（2）班琪琳爸爸：父亲节当天，女儿把一幅花了一个多星期时间做的手工拼图送给了我，并且深情地对我说：“父亲节快乐！”当时我感动得热泪盈眶。

我希望在以后她成长的日子里，可以将尊老爱幼的美好品德发扬下去；也希望她在学习上坚持不懈，排除万难，学好本领，为自己的前途而奋斗。

二、孩子感言

（1）一年级（1）班华亮：我希望老爸每周末都可以带我去看电影，因为每看完电影，他都会给我买我想要的东西。跟爸爸出去运动挺开心的，他会给我说笑话，还会教我为人处世的道理。

（2）一年级（1）班钊涵：今天是父亲节，我很开心。爸爸每个星期才休息一天，但他还是抽空陪我们去玩，自己都没得休息。我想对他说："爸爸，您辛苦了。"

（3）二年级（2）班振涛：今天我很开心，因为有了爸爸的陪伴。我跟爸爸打了一场乒乓球。虽然爸爸的球技不怎样，可是我也有打得不好的地方，爸爸总是告诉我一些正确的打法。但是他下军棋就不一样了，爸爸简直就是军棋之王，下了好几盘我都赢不了爸爸。爸爸真厉害！

（4）四年级（3）班鹏荣：和爸爸出去玩是一件很快乐的事情。晚上我们去骑自行车，骑着骑着就忘了时间，结果10点多才回到家，可是我们却非常开心。去图书馆的时候，我在书架上拿了一本很好看的书，爸爸也拿了一本，然后我们找了一个地方坐下来静静地看书。这次活动，我很开心！

（5）四年级（1）班嘉欣：每一次和爸爸读书的时候，心里总有一种说不出的喜悦。读书，开阔了我的视野，丰富了我的课外生活。和爸爸一起读书时，我不仅知道了书中的故事情节，还在爸爸的指导下明白了做人的道理。

（6）四年级（1）班曦谣：这次的父亲节，我非常开心、快乐。更加要谢谢我的爸爸请假来陪我活动，放下工作与我同伴，这是多么伟大的父爱呀！我送给爸爸的父亲节礼物是弹一首动听的歌。爸爸听了，拍手叫好。我的爸爸是世界上最伟大的爸爸，我非常感谢我的爸爸，我也很爱我的爸爸。

（7）四年级（2）班浩洋：今天，我和爸爸度过了快乐的一天。上午，我和爸爸一起去打了乒乓球和羽毛球。中午，我和爸爸一起查资料，知道了"成也萧何，败也萧何"的意思。晚上，我和爸爸一起下五子棋。这一天，让我们父子俩的感情更加密切。

我非常希望爸爸能够多花点时间陪我一起玩，这不但可以增加感情，还能让我学到爸爸身上的刚强意志，让我们男孩子更有男子气概！

（8）四年级（2）班亦萱：通过这次手工制作，我和爸爸的距离似乎又拉近了一些。我们制作了一个纸杯娃娃，它可爱极了！

我们又阅读了一本名叫"同学都说我丑"的书，是老师推荐的，可真好看！

这次亲情活动，让我明白了：爱，是需要表达的。

三、爸爸和孩子感言

（一）四年级父女

爸爸：为人父母者，教育子女，责任重大。在此方面爸爸感到惭愧，因为我觉得在教育方面未尽到该尽的义务。值得一赞的是，妈妈在你的学习指导、督促方面做得较好。所以在父亲节这个特别的日子里，我更应该好好反省一下如何才能做一个称职的爸爸。

女儿：已经很久没有和爸爸做这些活动（打球、下棋）了，这一次活动，我十分开心。爸爸工作十分忙，没有太多的时间陪着我，这点我知道。但是，只要爸爸有这份心，就足够了。

（二）二年级父女

爸爸：平时由于工作忙的关系，较少和女儿一起玩耍。趁休息的时候和女儿打了羽毛球，晚上和她下了几盘象棋。

看着女儿天天长大，天天进步，心里挺高兴的。感觉她的球技进步了许多，跑得比之前更快了，耐力更好了。她比较好胜，输球她不服，硬要拉着你继续打。刚开始下棋的时候，她总是悔棋，我引导她要做到下棋不悔。下每一步棋之前都要想清楚，要考虑下一步，要有危机感，学会思考，决定之后无论结果怎样都不能后悔。

女儿：和爸爸在一起的感觉真好，但很少能和爸爸在一起，因爸爸要工作，所以我要珍惜和爸爸在一起的时光。要是能天天在一起就好了！

（三）一年级父女

爸爸：……但在爸爸的心里你其实是一个聪明的孩子，只是你还没有完全准备好，相信你以后会越来越好的，爸爸为你加油！爸爸会拿更多的时间来陪你，让你开开心心的。

女儿：爸爸，你辛苦啦！现在只有你一个人上班挣钱，真的很不容易。我以后会努力学习，等你老了，我来养你！

（四）五年级父子

爸爸：你在爸爸心中比以前懂事多了，会自觉地看书。人是学无止境的，要在书的海洋里汲取更多的知识。你对象棋感兴趣，比开始学的时候有进步，希望在走每一步棋的时候，要想清楚再出棋。努力吧！爸爸相信你一定有更大进步。

儿子：非常感谢爸爸在百忙中抽时间陪我一起读书和下棋。在读书时，您教我做人的道理；在下棋时，您教我走好每一步，谢谢您！爸爸，父亲节快乐！

（五）四年级父女

爸爸：……看着孩子慢慢长大，慢慢懂事，慢慢作为家中的一员开始关心亲人、关心朋友、关心身边的事，我们感到很欣慰。希望她今后能够感恩亲人、感恩老师、感恩所有帮助过她的人。在这里，也祝我的父亲、全世界的父亲节日快乐！

女儿：爸爸过父亲节还这么辛苦，看来下次我要自己下厨，来满足一下爸爸这个帅气的“黄晓明”的愿望，让他的心得到彻底的释放。带他去长隆也是不错的，让他和林志颖共度“明星父亲节”吧！

请让我来帮助你

——与单亲妈妈的分享

“爸爸在行动”家长培训的一份反馈意见表上面写了一个问题：“请问，既是爸爸又是妈妈的角色，该如何教育孩子呢？”这份反馈意见表引起了我的思考。因为现在单亲孩子太多了，而且大多数孩子都是跟着妈妈生活的，这些孩子出现问题的状况比完整家庭要突出得多。

二年级的一位班主任告诉我，班里单亲家庭的孩子几乎都是女孩。这些孩子中，有的性格怪异且自我，有的喜欢和男同学玩而不喜欢和女同学玩，有的极为固执而难以管教……

于是，上周三下午家长会后，我通过班主任约了几位单亲妈妈到办公室聊天。

几位妈妈中，有的是早已熟悉的，有的仅是认识而已，有的我还不认识。

谈到孩子，一位妈妈告诉我们，她的女儿就喜欢跟男孩子玩。当妈妈问她原因的时候，她说女孩子小气，总喜欢跟她争抢玩具，还喜欢哭。

另一位妈妈则表示，带孩子外出旅游时，孩子总爱拉着同事中最帅的男性，然后再拉上一位最漂亮的女性，自己就在中间，快乐不已。潜意识中孩子很渴望有一个完整的家，渴望一边是爸爸，一边是妈妈，这样的自己才是最安全、最幸福的。这位妈妈告诉我们，孩子原来常喜欢去爸爸那儿住，后来爸爸结婚了，而且又当了别的小孩的爸爸，所以比较忙碌，和她联系得少了。就算爸爸现在要接她过去，她也说自己要看书、功课忙等。孩子曾“劝”妈妈结婚，现在却是一百八十度转变，坚决不让妈妈结婚。虽然只有八岁，但是敏感的孩子已经从爸爸身上推理得出：结婚了就要生小孩，生了小孩就不爱她了，她不想有人分享妈妈的爱，所以不想让妈妈结婚。

还有一位妈妈则表示，孩子爸爸就觉得是自己亏欠了孩子，每周都要过来接孩子。奶奶和姑妈疼孩子疼得毫无原则，事事迁就，以至于孩子一回爸爸家就玩得忘乎所以，而妈妈的教育就越来越苍白而没有力度，妈妈的威严也大打折扣。为了逃避妈妈对她学习的要求和督促，孩子甚至每周都欢呼雀跃地期待着爸爸的出现。对于女儿的“不听话”，爸爸也表示自己没办法，妈妈只能暗地里着急。由于对方还没有再婚，父母也刻意隐瞒孩子，所以孩子并不知道爸爸妈妈已经离婚了。当孩子问妈妈为什么不回原来的家住时，妈妈的回答是为了上学方便。

我倾听着妈妈们的述说，偶尔也插插话，与几位妈妈交流自己身边的单亲妈妈的成功经验与教训。她们真诚地表示，之前自己并没有仔细地、深入地思考一些问题，为了孩子的健康成长，还要更加用心，多交流、多思考。

几位妈妈十分不易，工作忙碌，压力大，还要独自带着孩子，独自照顾孩子的饮食起居，而且还有一份最大的责任，那就是给孩子一个健康的人格，让孩子拥有幸福的人生。

我们充分地交流后，达成了如下共识：

（1）夫妻之间的问题不要在孩子面前表现得过于强烈，对待生活和孩子都要保持一颗平常心。调整好自己的心态，不论对方如何，在孩子面前都不要轻易诋毁对方，尤其不要将对对方的埋怨和责难迁怒于孩子。要帮助孩子正确认识父亲这一形象，告诉孩子不论爸爸、妈妈感情如何，对孩子的爱是不会改变的。血浓于水，对于孩子来说，父亲就是父亲。

（2）保持孩子与父亲的联系，不要因为双方感情影响孩子心理，多带孩子与成人男性一起玩耍，调动亲戚、朋友中的男性资源，给孩子一个良好的成长环境，尽可能地消除单亲家庭的成长障碍。面对孩子的种种“异常”，要用心分析，了解孩子的心理，不要轻易地指责或阻止。关注孩子的性别意识，女孩不失阴柔之美，男孩具有阳刚之气。

（3）不要觉得对孩子有亏欠就一味地满足孩子，而不对孩子严格要求，不放任、不溺爱、不过多给予物质上的满足。

（4）不严苛，给予孩子正确的期望，培养孩子独立、自主、果断、勇敢等人格特质。丰富孩子的课外生活，培养孩子的兴趣和特长。

几位妈妈都很阳光，她们喜逐颜开地与我告别。我也向她们表示，在教育孩子的问题上有任何困惑我们可以互相交流，共商对策。我相信，只要用心，孩子必定能健康成长！哪怕现在孩子还不懂事，但终有一天孩子会体会到妈妈全部的爱！

如果你有需要，请让我来帮助你！

学爸运动

寒假前，学校“小学阶段的父亲参与策略研究”课题组的老师们精心设计了好几项推动父亲参与家庭教育和社会教育的活动，“学爸运动”便是其中一项。“学爸运动”这一名称是头脑里总是有许多新点子的苏茵老师取的。

我们设计了一份任务表。任务表的开头是一段温馨的陈述：“教育子女是夫妻共同的责任，爸爸在教育中的作用是不容忽视、不可替代的。男性所具备的心胸开阔，性格刚强、自立、自强、勇敢，以及逻辑思维、活动能力强等品质和特征对子女的个性形成和行为塑造都起着非常独特的作用。这次寒假，我们希望爸爸和孩子共同完成以下任务。妈妈，请你作为记录者，拍下珍贵的画面，留住美好的瞬间。爸爸，给孩子多一点时间，寒假一起运动吧！”

任务是什么呢？“请爸爸教会孩子做一项运动，例如滑轮、骑自行车、放风筝、冬泳等。要求：孩子原本不会的项目”。

此外，老师还设计了表格，含选择的运动项目、活动过程、活动相片的粘贴栏、活动感受（爸爸的话、妈妈的话、孩子的话）、每天陪伴孩子的时间。

此时，一沓沓厚厚的记录表就摆放在我的案头。欣喜与期待的心情让我一张一张地掀开，一会儿，敬佩和欣慰之感油然而生。爸爸、妈妈、孩子都很看重学校的这份寒假作业，本着认真负责的态度交上了一份优秀的答卷。爸爸的运动本领了得，妈妈的摄影（像）技术专业、孩子的运动技能进步大。看着看着，眼前不由飘过一幅幅温馨、和美的画面，耳边响起一阵阵欢快、明朗的笑声……

一位爸爸，在“每天陪伴孩子的时间”一栏中竟然写着“0”。可是这一次，他“受作业所迫”教会了孩子打羽毛球。这位企业总监，在“爸爸的话”中真情流露：“以前爸爸忙于工作，陪孩子做运动比较少，这是爸爸的不是。以后爸爸会改正，教会孩子更多的运动的方法。”

一位每天都有2个小时陪伴孩子的经理爸爸充满喜悦：“通过和女儿一起放风筝，一起锻炼身体，生活很充实、开心。能看到孩子的笑脸，我内心很知足、很幸福!”

一位经商的爸爸为女儿自豪：“本次活动我教会了女儿放风筝，更让我从亲子游戏中发现女儿的聪明、能干、开朗，了解女儿能吃苦的性格特征。”

一位做老师的爸爸收获满满：“宝贝，在学习打羽毛球的过程中，老爸看到了你潜能无限！我们在一起学打球的日子里充满欢乐，让我也回到了童年，这感觉真好！这样的活动，我们都喜欢！感谢学校给我们这样的‘任务’!”

教会孩子骑自行车的爸爸说：“女儿通过学骑自行车，手、脚、身体更协调、更灵活了，不但锻炼了身体，而且锻炼了她的意志和毅力。我觉得这是一次非常有意义的课外活动。”

一位爸爸教会了孩子冬泳，他这样鼓励孩子：“勇敢点！对自己有信心。你肯定做得到，而且会做得很好的。”同样是学游泳，另一位爸爸这样描述：“在酒店的泳池里，柏言起初对水比较恐惧，不敢自己游泳，但在爸爸、妈妈的鼓励下，开始放下包袱，慢慢游了起来，3米、5米……鼓励是激发孩子动力的最好办法。”

二年级的一位小女生学会了滑轮，爸爸功不可没。且看：“在学习滑轮的过程中尽管蔚蔚有了我这根‘拐杖’，但还是摔了许多次，不过她还是能够跌倒了爬起来。虽然在学滑轮过程中，孩子受了小小的皮肉之苦，但是锻炼了孩子的身体，也磨砺了孩子勇敢、自信和坚强的意志。”

是呀，“学爸运动”，让爸爸回到了自己本来的角色中，有的爸爸体会到的是责任，有的爸爸感受到的是幸福；有的爸爸发现孩子时常让自己惊喜，有的爸爸引导孩子一天一天成长；有的爸爸为自己一如既往地陪伴和参与而欣慰，有的爸爸因为自己常常缺位、疏于陪伴而自责。

妈妈哪去了？此时的妈妈就应该是配角，是旁观者，在一旁偷着乐吧！

“通过爸爸和女儿共同参与活动，不但锻炼了孩子的身体，而且使他们父女之间的感情更加深厚了，我们的家庭更加和谐、温暖了。”

“女儿放风筝放得可好了，可欢了，我们一家享受阳光、春风、绿草，其乐无穷。”

“听到一家大小的欢声笑语，心里很高兴。愉悦的家庭气氛的确能给孩子带来很多快乐。”

“看到爸爸耐心、认真地教儿子，我很欣慰。活动既增进了父子感情，也培养了儿子的能力。”

“爸爸虽然工作忙，但每天都会陪孩子聊天和玩。在教骑自行车时也很有耐心，孩子也学得开心。”

“每次我看到孩子的爸爸打篮球都超兴奋的，爸爸的动作、技巧都很吸引人，现在宝贝也一起学习了。对于青少年来说，打篮球可以让他们的骨骼更好地发育，让他们变得越来越强壮。”

当然，除了幸福萦怀，还有对爸爸的加油声：

“希望孩子她爸能多陪伴孩子，看到父女俩在一起骑自行车，心里也很欣慰。”

“希望爸爸能抽出更多的时间来陪孩子，你的陪伴对孩子的成长至关重要。”

对于孩子而言，我们看到的是孩子跟爸爸学会了运动，掌握了运动技能。但其背后的意义远远不止于此，更在于日渐养成了孩子锻炼身体、自主运动的习惯，练就一个健康的体魄；更在于孩子感受到爸爸的力量、宽容、鼓励，增强其性别意识；更在于孩子从爸爸身上学会克服困难、磨炼意志、培养自信的个性品质；更在于孩子感受到来自爸爸的威严、慈爱和庇护……

“虽然骑单车的过程很难，但是只要我不怕，坚持到底，总会学会的。”（三年级丽娜）

“我会勇敢的，不再哭了。”（一年级凯建）

“一开始，我很害怕，后来爸爸鼓励我，让我学会了游泳。”（一年

级柏言）

“我对任何事情都要勇敢面对。”（四年级雪慧）

“爸爸真棒！学篮球也要一步一步地学。想学好一样东西，必须坚持，不能半途而废。”（一年级天成）

快乐的时光稍纵即逝——这是孩子们最真切的感受。爸爸的鼓励、爸爸的顽强、爸爸的保护、爸爸的耐心、爸爸的智慧……永远是孩子心中最温暖、最强大的精神力量！

二年级的一位小朋友写道：“时间过得真快，和爸爸欢乐地聚在一起真开心！我希望能和爸爸、妈妈永远在一起玩耍。”（二年级卓琳）

“我希望爸爸能有更多的时间陪我。”（三年级梁悦）

“希望爸爸每一周都和我们一起打羽毛球。”（一年级颖森）

“学爸运动”既触动着家庭中的每一位成员，也触动着课题组的每一位成员。家庭的和乐与幸福，孩子的欢愉与快乐应该是爸爸最高的追求！妈妈的希望、孩子的心声对于每一位爸爸来说，都不可被忽视。爸爸也在感受，也在反思：“爸爸陪你的时间确实很少，你非常渴望和爸爸、妈妈一起活动、游戏、学习。看着你那开心的笑脸，一副认真的模样，爸爸需要做的、改变的有很多很多……”

改变在于行动！

行动，行动！我们已经看到爸爸的行动，我们相信爸爸的行动！行动，行动！我们已经看到行动的成果，我们相信行动能带来改变、带来欣喜！

《学吧，学爸》读后感风波

今天一早便接到组织人事科的电话，称有家长“投诉”：学校发了一本《学吧，学爸》的小册子，要求每一位爸爸都要写读后感，并公布名单。家长认为学校不能用这种强制性的手段要求家长。

我听后，有点小小的吃惊。

我在 QQ 群里找到了当初拟定的通知：“尊敬的家长：您好！相信大家尤其是爸爸们都阅读了学校精心选辑、赠送的《学吧，学爸》，爸爸们一定有许多感想！现请各位爸爸把自己的感想用文字的形式记录下来，便于我们共同分享。读后感短则数百字，长可上千字，只要能表达您的思考和收获即可。请于周五之前将读后感发给班主任。感谢您的配合！”

难道是“各位爸爸”这几个字让家长觉得刺眼，认为侵犯了自己自由选择的权利？但是，并没有“公布名单”之说。不管怎样，还是谨慎为宜，我当即在学校教师群里提醒老师们：“《学吧，学爸》读后感的撰写没有强制性，到时间没交的不用催交，不要公布名单。”

五分钟后，看到这学期刚从师范院校毕业的研究生小范老师发来了一段文字：“郑校长，不好意思，因为我以为是要全班爸爸交读后感的，所以我周五在班级 QQ 群上公布过名单，以表扬相关家长，也想鼓励其他家长积极参与，下次我会问清楚了再做的。”

多可爱的老师！多可笑的家长！

《学吧，学爸》是我们课题组精心选编的一本小册子，其中包含十位成功父亲的小故事、推荐给爸爸看的书目、父教缺失的利害关系……旨在让爸爸们阅读，让爸爸们思考，提高爸爸们陪伴孩子成长的质量。之所以有“各位爸爸把自己的感想用文字的形式记录下来”是为了确保每一位爸爸都能阅读到这本书。当然，这也是我们课题研究的需求，我们需要数据、需要案例、需要家长的反应。我们在揣测，“投诉”的家长难道是位单亲妈妈？如果是，那也是我们的成功，因为这是“唯一”！小册子虽然名为“学吧，学爸”，是送给爸爸们的礼物，但妈妈们绝对不要把自己排除在外。妈妈也必须了解父亲参与对孩子成长的意义和价值，这样才能相互配合，支持父亲参与而不至于“越俎代庖”。单亲妈妈应该从孩子的健康成长方面着想，支持孩子和爸爸在一起或者通过其他方式弥补父亲参与的不足；同时应该释然，不要因为婚姻的挫折影响生活态度和积极心理。我曾经与单亲妈妈进行过座谈，事实上，这些 80 后的单亲妈妈们都有着积极乐观的生活态度，但是，孩子的个性或多或少因为父教缺失而有异于完整家庭的孩子。鉴于此，我们还共同研讨弥补的策略，妈妈们感激不已，我也和其中几位成了好朋友。后来听说其中一位妈妈和孩子爸爸冰释前嫌，破镜重圆了。

面对“各位爸爸把自己的感想用文字的形式记录下来”，爸爸们有四种表现：其一，怒火喷发，向上级教育部门“投诉”，“警告”学校。其二，毫不掩饰，在孩子面前公然藐视、发泄不满。其三，无动于衷。其四，认真完成这一份特别的“作业”。选择第一种方式的有一人，选择第四种方式的人占了60%。

显然，最明智的方式是第四种。这种爸爸懂得感恩，能够担当，表现出最理想的父亲的形象，他们已经为孩子做出了榜样，“亲其师，信其道”，这是最有力度的教育。这些读后感有的是电子文档，有的则是打印好的纸质稿；有的是用签字笔写成的硬笔书法作品，有的则是用毛笔挥就的漂亮的小楷；有的题目开宗明义曰“《学吧，学爸》读后感”，有的则诗意流淌，仅将此作为一个副标题，例如“慢慢地陪着你走——《学吧，学爸》读后感”；有的简简短短几百字，有的洋洋洒洒上千言……我读着一篇篇饱含坚毅与慈爱、责任与柔情、自豪与自省的读后感，敬佩与激动一次一次地从心头掠过，温暖身体的每一个细胞。我感受到了什么是父爱如山！什么是无情未必真豪杰！

从几百篇充满爱的读后感中，我摘选了一些印发给孩子们，让他们带回家。我相信家长们阅读着这些读后感的时候，尤其是那些喜欢指责学校和孩子的家长，应该会意识到，孩子问题产生的源头恰恰是他们自己。

其实，生活中的每一个场景、每一件小事都隐藏着教育元素，每一个教育元素的价值蕴含着家长的教育智慧。

下面附上两篇“作业”：

读《学吧，学爸》后有感

一口气看完《学吧，学爸》，心情有点复杂，久久不能平复。文章里的篇章“女孩缺少父爱”里的种种情景总是出现在我脑海中，我在心里祈祷我的女儿千万别出现如文章里所说的那些状况。

我是上班一族，是“家庭煮妇”，是孩子的保镖，是家庭教师，是一个“闹钟”，是一个女儿，是一个母亲，是一个“父亲”。我没有假期，我的工作不分昼夜，我必须“随时候命”……我不敢生病，不敢请假。

当了妈，连生病的权利都没有，确实是这样的。每天下班后，我就成了接送孩子的保姆，买菜做饭，尽量想着花样来做菜，还要辅导女儿作业。女儿受了委屈会跟我说，有心里话也会跟我说，这样我又成了“心理医生”，很多时候我与她一聊就是一两个小时……这些都是我自己对生活的选择。女儿是上天给我的十分珍贵的礼物。

亦父亦母的我，一直忙碌着，却也感到非常充实，每一天都充满了活力和希望。我希望过好每一天，不抱怨、少唠叨，用行动去影响女儿，成为她的导师和朋友。我的性格使然，令我成不了女强人、女汉子，而要做个内心强大的人！

周末我经常带她去兴趣班学习、参加各类活动，图书馆、美术馆、博物馆经常出现我们的身影；去户外游玩，去骑单车，坐在草地上野餐，在草地上追逐蝴蝶，静静地躺在吊床上看花开花落、云卷云舒；看小蜘蛛如何织网，看小蚂蚁如何搬家，看小蜗牛如何爬到高高的树干上；抛起满地的落叶似蝴蝶飞舞；偶遇陌生人拍婚纱照，小妞捡起地上的花瓣撒在拍照的草地周边，欢天喜地地帮新娘拖起长长的婚纱摆尾，好不浪漫。我知道她小小的心里已种满了美美的种子。

每次路遇乞讨的人，她都会毫不犹豫地向我要钱给乞丐，说他们好可怜。我知道她小小的心里已种下了善良的种子。

有天下课后她自己背着书包来到我公司楼下，我说好冷，她从手上脱下她的小手套非要给我戴上，这是她爱我的表现。类似的事例不胜枚举。

小妞是个很爱表现的女孩子，十分喜欢表演，享受舞台上的时光。她很小的时候我经常带她去表演，现在经常是她自己争取机会去表演。具有几分灵气的她似个小精灵，是个超级书虫，兴致来时也爱写点东西。她的性情有点让人捉摸不透，超级爱玩，有时很淑女，有时却似个假小子，时常做点小恶作剧，让人哭笑不得；还喜欢爬杆，好多男孩子都不是她的对手。

我对小妞大多是散养，散养是给她自由，只要不触犯底线就可以。自由自在的生活让她更具有创造性的想法，不束缚她的想法，让她有自己的主见，也是培养她自信自强的一种方法。

每个小孩都有闪光点，需要我们去发现并启发。同样的，每个小孩都有短板，需要我们智慧地去看待、去修正。

现实摆在眼前，孩子无法选择出生的家庭，无法选择父母，只能选择积极向上的生活。其实也并非单亲家庭的孩子就会出问题，名存实亡的婚姻对孩子的影响更大。曾经女儿跟她的好友一起玩，女儿说美慕朋友有一个爸爸、妈妈都在的温馨的家庭，她的好友回答说可是她缺爱。

每个人的生活中都会有这样或那样的遗憾，我们只有努力做最好的自己，才是对孩子最好的引领和教育。我们没有办法陪孩子一辈子，但是童年时期的经历最能唤起人们对人生美好向往的回忆，越长大，越怀念，给孩子一个充满美好回忆的童年是孩子一生中最珍贵的礼物！

静待花开，不做焦虑的父母，与孩子共同成长。正视生命中的不完美，时刻保持微笑。养育孩子就是一场修行，在修行中教育孩子，升华自己！

与孩子共同成长

古语有云，“子不教，父之过”，孩子的成长历程中，如果缺少爸爸的教导和指引，会是孩子一生中无法弥补的遗憾。父爱如山，爸爸给孩子树立了一种支持、安全、坚强的形象，让孩子在成长的过程中能大胆地披荆斩棘，勇往直前，争取成功的喜悦和荣耀。读过《学吧，学爸》，令我重新认识到身为人父的责任重大，应该抽出更多的时间来陪伴和教导孩子，与孩子一起成长并享受成长中的挑战和喜悦，给孩子留下美好的童年回忆。

我的孩子现在正处在小学的学龄期，父亲在这个阶段是具权威象征的模范角色。在这个学龄期，父亲既要培养孩子的道德规范，又要从小培养孩子多方面的兴趣。什么事情应该做，什么可以尝试自己完成，什么界线不能逾越……这些都要父亲慢慢地教导和指引，要反复地提醒，必要时要有适当的奖励和惩罚。并且要细心观察孩子的兴趣所在，挖掘孩子对身边事物探索和求知的兴趣，在旁边适当地指引和扶持。

也许有时父亲的工作繁忙，压力很大。但是工作归工作，家庭是家庭，不应该把工作的压力带回家影响孩子。孩子最喜欢的就是跟父亲在玩乐中学习，也希望在亲子共读中体会成长的乐趣。决定孩子以后发展的关键因素是一个良好的家庭教育环境，所以要坚持抽出时间来陪陪孩子，承诺少一点，做得多一点，这样就算再忙的父亲也可以成为一个好父亲。

做好父亲这项工作要顾及两面形象：既是孩子的第一任老师，是孩子日常生活中耳濡目染学习的榜样；又是孩子成长过程中的朋友，不但要陪孩子读书，还要陪孩子去运动和探索。我希望在孩子的成长过程中与他共同成长，与他一起构建一种亲密又幸福的亲子关系。

父亲参与三部曲

——小学阶段的父亲参与策略研究

家校合作已经成为当下学校的工作重点与热点，家长们参与学校教育的热情与日俱增。但不论是第二课堂还是协助学校放学的疏散保卫，不论是家长会还是社会实践活动，出现的几乎都是妈妈的身影……

爸爸去哪儿了？随着《爸爸去哪儿》综艺节目的热播，这个话题越来越引发人们的思考和对父亲参与的呼唤。

著名的心理学家格尔迪说："父亲是一种独特的存在，对培养孩子有一种特别的力量。"英国著名文学家哈伯特也说过："一个好父亲胜过100个校长。"足以看出父亲在孩子成长过程中的重要性。

诸多研究表明，父亲参与有利于培养孩子的社会性，而经常和父亲在一起的孩子也能从父亲那里学到更丰富、更广阔的知识。父亲通过与孩子共同操作、探索多种形式的活动，可以逐步培养孩子动手操作能力、丰富的想象力、独立的思考和创新意识及旺盛的求知欲和好奇心……

在学校父亲参与的调查中，我们了解到，孩子睡觉的时候，父亲还没有回家，孩子上学的时候，父亲还没有醒来。很多孩子几乎没有更多的时间与父亲交流、玩耍、运动……单亲家庭几乎都是母亲带着孩子。

基于以上思考，我们选择了"小学阶段的父亲参与策略研究"这一课题，通过实践和数据分析，形成了主导父亲参与的三部曲。

一、循果溯因，提升父亲参与的责任意识

要改变观念和行为，必须对症下药，因材施教。

课题组通过文献研究、问卷、访谈等方式了解到父教缺失的原因。夏小林认为："第一，由于我国正处于社会转型时期，社会竞争增强，工作压力增大，导致在家庭中父亲忙于社会竞争，很少关注子女的教育；第二，受文化传统的影响，人们一直都存在'男主外，女主内'的观念，认为教育子女是母亲的责任，导致父亲淡出家庭教育；第三，加上近年来离婚率持续上升等诸多因素，单亲家庭增多，而单亲家庭的孩子大多随着母亲生活，其结果就是父亲逐渐远离了对子女的教育，导致父教缺失的出现。"①

事实上，我们的调查和访谈印证了夏小林的研究，其中经济压力和传统思想的影响不能截然分开，即二者兼而有之。单亲家庭中超过80%的孩子是跟着母亲生活的，由母亲承担教育的职责。剩下还有少部分跟着祖辈一起生活，父亲参与自然要大打折扣。

但是，家长们并没有意识到父教缺失对孩子的危害程度是巨大的。只有提高父亲的参与意识，明确父亲参与的意义，才能唤起父亲参与的觉醒——

① 夏小林. 父亲参与子女家庭教育的问题研究［J］. 长春理工大学学报，2010（12）：46－47.

这就需要明理！

课题组设计了两场专题讲座，特别邀请父亲参与。第一场的主题是“父爱如山”，专家通过讲述自己父亲的故事、自己作为父亲的故事、自己熟知的名人父亲的故事触动听众。第二场的主题是“父教——母亲无法替代的作用”，讲述了父亲是孩子成长中不可或缺的力量、父教缺失对孩子的危害并提出了如何做一位好父亲的行动指南。

思想是行动的先导！明理让爸爸们重新审视自己的角色，思考行动策略！

二、互动激情，丰富父亲参与的情感体验

班杜拉的社会学习理论强调观察学习或模仿学习，认为人的多数行为是通过观察别人的行为和行为的结果而学得的。依靠观察学习可以迅速掌握大量的行为模式。观察过程中重视榜样作用，强调自我调节，自我调节主要是通过设立目标、自我评价，从而引发动机功能来调节行为的；观察过程主张奖励较高的自信心。根据这一理论，课题组设计了“爸爸在行动”主题系列活动，推动父亲参与，树立积极形象，调节孩子行为，让孩子在自然的情境中模仿学习父亲的果敢、冒险、创造、自信等个性和行为，通过父亲的鼓励克服困难，获得勇气。

“爸爸在行动”主题系列活动包括“学爸运动”“学爸技能”“爸爸进课堂”等。因有“任务”驱动，爸爸们认真完成学校布置的“作业”，自律、自觉地为孩子树立了榜样，同时也让自己深受鼓舞，感慨万千。

在“学爸运动”中，一位爸爸在“每天陪伴孩子的时间”一栏中竟然写着“0”。可是这一次，他“受作业所迫”，教会了孩子打羽毛球。这位企业总监，在“爸爸的话”中真情流露：“以前爸爸忙于工作，陪孩子做运动比较少，这是爸爸的不是。以后爸爸会改正，教会孩子更多的运动的方法。”

教会孩子骑自行车的爸爸说：“女儿通过学骑自行车，手、脚、身体更协调、更灵活了，不但锻炼了身体，而且锻炼了她的意志和毅力。我觉得这是一次非常有意义的课外活动。”

活动不仅让爸爸们深有感触，孩子也获益匪浅。三年级的丽娜写道：“虽然骑单车的过程很难，但是只要我不怕，坚持到底，总会学会的。”一年级的天成掩饰不住自豪：“爸爸真棒！学篮球也要一步一步地学。想学好一样东西，必须坚持，不能半途而废。”

父亲的示范和评价激励了孩子，孩子的喜悦、进步感染了父亲。从一系

列学校主导的活动来看，父亲和孩子的互动有助于父亲对孩子的了解，有助于父亲感受教育孩子的重要性，有助于父亲调节自己的教育理念和教育行为，对营造温馨的家庭氛围和让孩子健康的成长环境具有不可低估的作用。父亲不仅是孩子重要的游戏伙伴，也是孩子积极情感的满足者，是孩子健康成长的引路人。

三、走进校园，发挥父亲参与的生态价值

如果说教育存在生态系统，那么这个生态系统已经失去了平衡。尽管有识之士频频呼吁，但家庭教育中父教缺失的现象并没有得到真正意义上的改善，甚至越来越严重。家庭教育中如此，家校合作中更不例外。参与学校家委会、志愿者、义工队等组织的活跃者几乎都是母亲，再加之义务教育阶段男性教师的比例严重不足，尤其是小学生几乎被女性教育者包围着，这对于孩子的成长是极为不利的！

因此，我们通过研究促进父亲参与家庭和社会教育，我们也推动父亲参与校园生活与学习，如让父亲出现在亲子运动会上，让父亲参与学校大型活动，让父亲为学校做兼职安保、兼职摄影师……

课题组重点设计的是“爸爸进课堂”。

课题组设计了申报表，让爸爸们根据自己的特长自愿申报课程内容和授课时间，由学校和家委会统筹管理。每个班总有几位热心的爸爸跃跃欲试，他们为活动的顺利开展做好了铺垫。爸爸们走进学校，各显其能，有的教孩子们下围棋，有的教孩子们打篮球，有的教孩子们制作蛋糕、寿司，有的教孩子们做科学实验，有的教孩子们折纸，有的给孩子们讲经典……爸爸们很投入，孩子们很兴奋。爸爸在孩子们的欢呼声中倍感自豪，孩子为自己的爸爸而骄傲！在快乐的课堂上，男性的豪爽、宽容、大度、气魄让整天感受女性教师阴柔之美的孩子们有了另一种感受。

一位课题组老师说：“班上有一个单亲家庭的孩子，父母离婚后跟妈妈生活。她的爸爸知道学校开展此项活动，远在外省生活与工作的他主动要求参与其中，让孩子感受父亲的爱。为此，他请了将近半个月的假，来到学校附近的酒店居住，每天陪孩子，还找来折纸书，认真学习折青蛙。在课堂上，他耐心教学生折纸，我们看到孩子的脸上出现了久违的阳光的笑容，爸爸的眼眶也红了……自此，我们发现孩子开朗、活泼了许多。”

虽然说教育的生态系统很宏观，但是宏观中有微观，父亲参与学校或家

庭教育就是创造了一个可以产生正能量的微观环境，对孩子的成长起着潜移默化的影响。

开放系统理论告诉我们：家庭作为一个整体，每个成员只是其中的一个部分；各部分按照一定的规则组合着，在一定条件下保持着平衡；各部分之间存在互动关系，其中某一部分需要改变，就会引起其他部分做出改变，继而要求整个系统做出相应调整，以达到一种新的平衡，亦即“牵一发而动全身”的道理。

父亲是家庭乃至学校这个整体中的一员，要让整体的效益达到最大化，父亲的角色和作用应该和其他因素保持平衡，且有机地和其他因素整合，这样才能促进孩子的健康发展，带动父亲本身乃至整个家庭的发展。

随着社会的发展，学校的办学也越来越开放。学校需要和社会、家长共同沟通，共享资源；学校需要和家长互通信息，交换情感，保持密切联系，彼此聆听和了解学生的情况，采取适当的行动，共同承担责任。

毫无疑问，父亲参与可以达到一种交换、包容、共同承担责任的作用。

父亲参与的研究仍在继续，可以确定的是父教缺失的现状可以改变。学校作为主导力量有能力、有责任推动父亲参与。父亲参与，有利于孩子的健康成长，有利于和谐家庭的建设，有利于学校发展。

父亲参与需要学校主导和家庭推动

基于父教缺失，我校自2014年开始对父亲参与进行广泛调研，确定“小学阶段的父亲参与策略研究”，探寻学校主导下的父亲参与家庭教育的策略，意在推动父亲参与，让更多的父亲接受科学的理念，关注孩子成长，陪伴孩子成长，引领孩子健康成长。

课题组以系统生态理论、公共关系理论和共同责任理论为基础，通过文献探究、调查分析和案例分析等研究方法开展研究。研究期间我在三所学校任职，在三所学校都设计了“推荐阅读”“专家报告”“学爸行动”“爸爸讲课堂”四大系列活动，重拳出击，直抵心扉，激发行动，取得了预期的效果。

一、父亲参与需要以学校为主导

父教缺失是个不争的事实，父亲对孩子成长影响的重要性也是个不争的事实，但是许多父亲都缺乏这种意识。前期调查中，三所学校某次家长会父亲的出席率分别为：26.67%、33.33%、20%。

其后多次的跟踪调查中，数据变化不大。了解其他学校，校长们都表示家长会父亲的参与率皆低于40%，而且在家校合作活动中，例如亲子运动会、亲子义卖等活动中，参与者90%是母亲。

父亲参与，需要被学校唤醒。

一方面，基于学校的性质和便利条件。首先，因为父教缺失导致的种种表征会伴随着孩子的学习和成长，而这种种表征很容易在学校表露出来，学校在指导的过程中会更加有针对性。其次，学校的性质使其更容易召集父亲，对父亲的组织和引导有着得天独厚的条件。最后，绝大多数家长对学校有一种自然的信任和“服从”。

另一方面，唤醒父亲参与也是学校的责任所在。2015年11月出台的《教育部关于加强家庭教育工作的指导意见》指出，要“充分发挥学校在家庭教育中的重要作用”。2016年11月，全国妇联、教育部等九个部门共同印发了《关于指导推进家庭教育的五年规划（2016—2020年）》，其中有“各级教育行政部门要切实加强对中小学、幼儿园、中等职业学校家庭教育工作的指导管理，将家庭教育指导服务作为学校和幼儿园工作的重要任务……”

家庭教育的责任应该由家庭中的每一位成员来承担，父亲毫不例外应该与母亲一起，共同为孩子的成长营造良好的教育生态环境，提升家庭教育的质量，促进孩子健康成长。

我在三所学校皆抛出“推荐阅读”“专家报告”“学爸行动”“爸爸进课堂”四大锦囊，以破解父亲参与这一难题，构建新型的家校合作模式。

（一）推荐阅读

课题组向家长推荐了父亲教育的相关书籍，如孙云晓和李文道的《好好做父亲：男人最有价值的投资》、蔡笑晚的《我的事业是父亲》、傅雷的《傅雷家书》；利用QQ群和微信等网络平台向家长推送相关文章，此外，还精选了十位优秀父亲的育儿案例和父亲参与的相关文献，分成“父亲的重要性”“如何成为好父亲”“故事分享”“好书推荐”四个部分编印成册，取名为

“学吧，学爸”，送给每一个孩子的父亲。因为是学校布置的“作业”，爸爸们非常重视，不仅仔细阅读，还提交了一篇篇感人肺腑的读后感，足以看出爸爸们对父亲参与的认识在改变，足以证明爸爸们的心灵被深深地触动了。课题组将收集到的读后感按年级编辑排序，印成了厚厚的一本书，赠送给每一个孩子的爸爸，爸爸们再一次受到鼓舞。

（二）专家报告

我先后在三所学校举办了四场以父亲参与为主题的专题报告，邀请父亲参加，特殊情况下（爸爸出差或单亲）妈妈可以参与。主讲的专家既是资深的教育研究工作者，也是成功的家长。专家们或高屋建瓴，通过生动的案例唤醒爸爸们的责任感；或细致入微，指导父亲参与的方式和途径。

报告结束后，课题组回收了之前发给爸爸们的问卷，下表是四场专题报告的统计结果：

人数	很好，收获很大	较好，有收获	一般，有一点收获	没有什么收获
91	89（97.8%）	2（2.2%）	0	0
128	120（93.8%）	5（3.9%）	3（2.3%）	0
136	131（96.3%）	5（3.7%）	0	0
112	104（92.9%）	6（5.4%）	2（1.8%）	0

问卷中，爸爸们还写下了感受：

“培训之前，我只是个合格的爸爸；培训之后，我要做个优秀的爸爸。”“以后要多陪陪孩子，不要有任何借口。”“培训是最好的借鉴。”“感谢学校组织了这次培训，获益匪浅……”“通过这次培训，深刻体会到教育孩子的重要性。日后无论工作多么繁忙都要多花时间来陪伴孩子，督促孩子的学习。教育不是一件简单的事，还要讲究方法。空闲之余，我还需多学习教育方法、技巧等知识，争取做一个好爸爸。”发自肺腑的文字，让课题组的老师深为感动。

但是，爸爸们的改变能够立竿见影吗？下面这个问题的选项统计暴露出思想和行动依然有一定的距离，但足以让课题组老师感动、欣慰，充满期待。

听完讲座，您是否愿意在接下来的日子就开始做一些相应的改变，努力

做一位好父亲并着力关注和为孩子努力营造良好的成长环境？（单选题）

选项	小计
是的，我愿意马上尝试做出改变	98（87.50%）
讲座很好，但落实感觉有难度。我以后可能会有意识地去做一些尝试	13（11.61%）
我觉得讲座的内容很好，但对我来说，去落实很难	0
我觉得讲座的内容对我没有什么帮助	1（0.90%）
本题有效填写人次	112

（三）学爸行动

课题组设计的主题系列活动，包括“学爸运动”“学爸技能”“学爸阅读”等。爸爸们毫不懈怠，认真完成每一次特别的作业，开展亲子活动，体验参与的快乐，感受孩子对父亲陪伴的渴望和自己对孩子成长的作用。“学爸运动”后，一位父亲在感言中写道：“宝贝，在学习打羽毛球的过程中，老爸看到了你潜能无限！我们在一起学打球的日子里充满欢乐，让我也回到了童年，这感觉真好！这样的活动，我们都喜欢！感谢学校给我们这样的‘任务’！”

（四）爸爸进课堂

爸爸根据自己的职业特点和专业特长走进孩子所在的班级，为孩子们上一堂课。酷爱运动的爸爸带着孩子们一起玩篮球，点心师爸爸为孩子们制作精美的蛋糕，教授爸爸把科技实验室搬进了课堂，军官爸爸为孩子们介绍国防知识……令我们难以置信的是，一位爸爸自愿报名后竟然从上海飞到广州，来到儿子所在的班级，从拉杆箱里取出精心准备的文具和礼物，和孩子们分享。四十分钟后，这位爸爸和儿子道别，在儿子和妈妈欣慰而温暖的目送中，他又拖着拉杆箱赶往机场。后来，我们了解到，这个孩子的父母离婚了。

如果没有学校的“作业”，如果没有学校的主导，我们看不到这些精彩、温暖、感动的画面。至少父亲前后的心境是迥异的。我们确信：有学校的组织和策划，有学校的鼓励和推动，父亲参与的热情是可以被唤醒、点燃的，父教缺失的现状是可以改变的。

课题组在B学校随机发放了100份问卷，其中“学校开展的系列活动是否有助于推动父亲参与?”这一问题选项为“是”的所占比例为98%。

参与事实和统计数据均指向一个结果：学校主导能提高父亲参与的频度和效度，父亲参与需要学校主导。

二、父亲参与需要家庭的推动，尤其是妻子和孩子

（一）妻子的支持

通过座谈，课题组了解到父亲参与的程度和效果与母亲的影响分不开。因此，在推动父亲参与的同时或之前，学校可以通过家长学校宣讲父亲这一角色在孩子成长中的不可替代性，让母亲意识到父亲角色的重要性和父教缺失的危害，为父亲参与提供支持。

一是母亲的放手，敢于放手和舍得放手，相信父亲的能力和作用；二是鼓励，成为父亲参与的引领者和共同成长者，更新观念，重视父亲参与对孩子成长的影响；三是缓解父亲的经济压力，打破“男人赚钱，女人带娃”的观念，降低传统思想对父亲的影响，让父亲有足够的时间和自己成为家庭教育的同盟军。

因此，每一次活动，课题组都极为重视母亲的支持和推动作用，或是让母亲在其后鼓励父亲，或是共同参与亲子活动，见证父亲在孩子成长过程中的作用，成为积极的评价者。

案例：

“学爸运动”中（爸爸教孩子打篮球），妈妈的话：每次我看到孩子的爸爸打篮球都超兴奋的，爸爸的动作、技巧都很吸引人，现在宝贝也一起学习了。对于青少年来说，打篮球可以让他们的骨骼得到更好的发育，让他们变得越来越强壮。

“学爸运动”中（爸爸教孩子骑自行车），妈妈的话：通过爸爸和女儿共同参与活动，不但锻炼了孩子的身体，而且使他们父女之间的感情更加深厚了，我们的家庭更加和谐、温暖了。

“学爸技能”中，妈妈的话：像大部分孩子一样，朗朗在学习新事物时，遇到困难会有退缩和放弃的念头。只要有妈妈的肯定、爸爸的鼓励和支持，朗朗就会克服困难，迈向成功。孩子的健康成长，需要父母无条件的爱。

一位妈妈在爸爸听了讲座后，在QQ群中说："替她爸总结：感谢学校组织的父亲专场讲座。今晚爸爸被女儿叫去听课了，孩子心目中理想的爸爸是一个能蹲下来倾听孩子心声，也能站着给孩子坚强力量的形象。父亲在指引孩子成长方面，起着非常重要的作用。"另一位妈妈也表示："今天要好好表扬爸爸们。"

可见，妈妈们的支持是爸爸们参与的动力。

单亲妈妈也不例外，课题组召集了部分单亲妈妈，一是希望妈妈们为了孩子的健康成长支持孩子和爸爸保持正常的联系；二是要为孩子树立父亲的形象；三是如果爸爸长期不在孩子身边，希望妈妈通过视频、电话等方式保持孩子和爸爸的联系；四是多让孩子和其他男性长辈（外公、舅舅等）相处。

晓之以理，动之以情。为了孩子，妈妈们在改变。

（二）孩子的需求

据调查，大多数父亲认为自己在外面打拼，为家人提供优裕的物质享受就是对家人最大的贡献。殊不知，情感的交流和适度的陪伴才是家人最需要的，尤其是对于孩子而言。我们都知道一个经典的故事，一个小男孩积攒20美元只是为了"买"爸爸一个小时的时间，希望爸爸早一点回家，和爸爸共进晚餐。读来发人深省。听了儿子的一席话，爸爸该是多么震撼，我们相信他会用更多的时间来陪伴儿子。

现实生活中，不懂孩子心理需求，漠视孩子的情感状态的爸爸是很多的。

课题组精心设计且搭建父亲和孩子沟通的特殊渠道，让爸爸受到震撼，触动内心深处的柔软。父亲节期间，学校让孩子们用自己喜欢的方式表达对爸爸节日的祝福，和爸爸一起阅读、和爸爸一起做晚餐、陪爸爸看电影、送给爸爸一幅画……孩子们都有自己的选择，孩子们的言语各不相同，却同样表达了对父爱的渴望，更有对父亲的理解和爱。

案例：

四年级（3）班鹏荣：和爸爸出去玩是一件很快乐的事情。晚上我们去骑自行车，骑着骑着就忘了时间，结果10点多才回到家，可是我们却非常开心。去图书馆的时候，我在书架上拿了一本很好看的书，爸爸也拿了一本，然后我们找了一个地方坐下来静静地看书。这次活动，我很开心！

四年级曦谣：这次的父亲节，我非常开心、快乐。要谢谢我的爸爸请假来陪我。这是多么伟大的父爱呀！我送给爸爸的父亲节礼物是为他弹一首动听的歌。爸爸听了，拍手叫好。我的爸爸是世界上最伟大的爸爸，我非常感谢我的爸爸，我也很爱我的爸爸。

爸爸们听到孩子的心声，纷纷回应：

一年级雨欣爸爸：……今年的父亲节，收到女儿亲手制作的礼物，还有一声甜甜的问候，外加一个香吻，让我这个做父亲的很感动。

五年级（2）班琪琳爸爸：父亲节当天，女儿把一幅花了一个多星期时间做的手工拼图送给了我，并且深情地对我说："父亲节快乐！"当时我感动得热泪盈眶。我希望在以后她成长的日子里，可以将尊老爱幼的美好品德发扬下去；也希望她在学习上坚持不懈，排除万难，学好本领，为自己的前途而奋斗。

孩子，就像一本书，当我们读懂了他们，感受到的便是一种喜悦、平静与能量的传递，而当我们固守一种模式，缺乏观察与理解，没能读懂他们，却尝试去强制改变时，带来的往往是焦虑、紧张与冲突……

感人心者，莫先乎情！孩子的真情、孩子的心声就是最好的引擎，使父亲启动感受、理解、行动。

通过感情体验，父亲不仅感受到孩子内心的渴望，了解到孩子的心理需求，同时也意识到孩子最重要的学习特点是模仿，而自己就是孩子最好的榜样。孩子是一个主动自觉的观察者，他观察父亲的行为并效仿，在此基础上达到认同。这种认同不仅是对"好榜样"的模仿，同样也会对"坏榜样"或"不良典范"进行模仿。因此，作为父亲，不仅仅要陪伴孩子，更重要的是要知道怎样陪伴，在陪伴过程中要将男子汉的宽容、大度、果敢、坚毅、担当等品质内化在行为中。

当然，家庭中其他成员对父亲参与的影响也是不可小觑的，尤其是祖辈，这就需要耐心说服，彼此沟通，达成共识。

时至今日，我们感到莫大的欣慰，因为我们已经在一点一滴中开始改变父亲的想法。

又见“爸爸进课堂”

5月11日上午是全校家长开放日，与往常不同的是，这次的家长开放日全校每一个班的第三节课都是相同却又不同的课。相同的是讲台上或激情洋溢或温文儒雅的老师都有一个共同的名称——父亲；不同的是班课与班课间内容没有丝毫雷同，每位老师风格迥异。

今天敢上场的爸爸可都是“身手不凡”，有备而来，自然也就信心满满。是的，学期初的家长开放日活动策划中，学校就将“爸爸进课堂”列入其中，进行宣传发动，让爸爸们提前做好准备。令人欣喜的是，爸爸们争先恐后报名，纷纷跃跃欲试。家长们一致表示要让爸爸进课堂成为常态！

走，看看去——每一个课室的讲台上都站着一位顶天立地的男子汉，他们还制作了精美的PPT。爸爸们根据职业特点和个人特长各显身手：警察爸爸把安全教育带进课堂，牙医爸爸为孩子们讲授如何保护口腔健康，动漫设计师爸爸把孩子们带到了电脑室，在中学当老师的爸爸把孩子拉到了学校操场处设计“我的公路”，在银行工作的爸爸教孩子们如何理财，教授爸爸带领孩子们穿越千年隧道，感受源远流长的中华文化……爸爸们时而侃侃而谈，时而双手舞动；时而轻声细语，时而高亢激昂。

再看看我们的小听众，孩子们一会儿凝神倾听，一会儿小手高举，一会儿哈哈大笑，看来老师把小粉丝们深深地吸引住了。前来听课的家长们也是全神贯注的，隐约可见钦羡的眼光。

广东南方少儿频道得知我们的活动，颇感兴趣，欣然扛来“长枪短炮”，兴致勃勃地采访了上课的爸爸和我们的孩子，当然摄像机也对准了我。接受采访的爸爸是一位中学老师，他指导孩子们设计“我的公路”，是对物理、数学、美术等课堂知识的综合运用。他欣然地说明了之所以把孩子带到操场，是因为有更大的空间可以让孩子们自由发挥、自由想象，可以让孩子们在设计了“我的公路”之后能够和其他同学的“公路”连接，成为更长、更大的公路。接受采访的孩子就读三年级，他大方地对着摄像头说：“我爸爸是警察，与我们分享专业知识，我感到很自豪。”我要表达的自然就是“爸爸进课堂”的初衷：弥补小学男性教师少的缺陷，推动父亲关注孩子成长，提供多元的课程资源，培养男孩子的阳刚之气……

看着两位记者也在教室外流连忘返的样子，我和一旁的老师、家长忍俊不禁。

活动结束后，我走进四年级和二年级各一个班，了解孩子们对“爸爸进课堂”的反应。当我问孩子们：“你们喜欢爸爸们来给你们上课吗?”孩子们一边齐刷刷地举手一边开心地喊出了他们的答案：“喜欢!”

次日，我翻阅着爸爸们写下的感受，欣喜、幸福者有之，惋惜、遗憾者有之，但对“爸爸进课堂”这项活动都极为认同，也深感不易。有一位爸爸是这样写的：“上了 30 分钟便头顶冒汗了，可想老师们的艰辛和不容易。看来，这碗饭我是吃不了的，还是回去当我的警察吧。”

不由再次感动！以下附上二年级（3）班老师写的日志和爸爸们的感想（摘选）：

二年级（3）班老师

今天是我们昌乐小学的家长开放日，也是“爸爸进课堂”的活动日。我们二年级（3）班这次“爸爸进课堂”的活动邀请了陈烁同学的爸爸，为我们开了一场精彩的安全教育讲座。

陈叔叔是一位有着从警二十多年经验的越秀区公安分局干警，当他接到“爸爸进课堂”的活动通知时，为了能在课堂上吸引孩子们的注意力，费了很多的心思，做了充分的准备。课堂上，他以动画视频和鲜活的实例，结合生动的讲解，向孩子们重点介绍了防拐、防骗、防敲诈勒索等方面的注意事项和应对措施。同学们听得非常专注，完全被吸引了。

陈叔叔介绍了坏人惯用的伎俩有假装求助、伪装身份和威逼利诱。例如：有些坏人会利用儿童的同情心来进行诱拐活动。如果陌生人说找不到路需要你帮他带路，或者丢了东西需要你帮他找等，这个时候大家要小心，不要上当。有些坏人会伪装成父母的熟人、邻居、警察、快递员、物业管理者等多种身份，然后骗你去陌生的地方，或者入室检查等。这个时候大家不要跟陌生人走或给陌生人开门。有些坏人会用玩具、食物等诱骗儿童上当，有些坏人则会利用儿童的恐惧心理，通过威吓的方式来拐骗儿童。如果陌生人给你食物、玩具，或者吓唬你说你弄坏了他的东西，要带你走，这个时候要提高警惕，并寻求其他人的帮助。

陈叔叔还举例说明如何防范危险。例如外出时和家人做好约定，无论去哪里，每次外出都要向家人打招呼，告诉家人自己要去哪里，和谁在一起，去做什么，什么时候回家。外出活动期间，要掌握好回家的时间。如果无法按时回家，要及时打电话告诉家人。不要独自去陌生的街道、无人的建筑物或废弃的大楼等偏僻的地方玩耍。如果碰到坏人的敲诈和勒索，一定要保持冷静和勇敢，不要害怕，尽量说好话，说明自己没带钱，避免和他们争吵；如果坏人坚持要钱，就和他们说要回家拿钱，趁机逃跑。如果坏人敲诈勒索你的地方靠近闹市或者人多的地方，可以采取突然倒地大喊或者大哭的方法，引来围观，把坏人吓跑或趁机逃跑。在被敲诈或勒索时遇到有大人经过，你还可以大喊“救命啊”。如果被坏人绑架了，不要反抗，不要硬碰硬，可以给钱，但要记住对方的相貌特征，事后向家长、老师报告，再到公安机关报案。

最后，陈叔叔别出心裁地设计了有奖互动抢答环节。同学们都积极踊跃地举手发言，认真回答问题。回答问题的同学得到了陈叔叔精心准备的“警察人偶模型”，没有抢答到的同学也得到了陈叔叔准备的其他小礼物。同学们别提有多高兴了！

三年级（1）班凌鸿锭爸爸

我是三年（1）班凌鸿锭的爸爸，十分荣幸受邀参加这次“爸爸进课堂”活动！

我是必胜客餐厅的一名厨师长，为参加这次活动我准备了一些与工作相关的资料和照片，还和儿子一起制作 PPT。活动当天先参加了早读和两堂公开课，体验现在老师的多元化教学方式，并感受到了同学们积极专心的课堂气氛，感到很欣慰！当轮到我和其他爸爸讲课介绍相关工作知识时，同学们听得很认真。爸爸们介绍得也很精彩，同学们的反应也相当热烈，掌声不断，惊叹不已。

其实孩子们对外面的世界都很陌生，很想去尝试和了解，但他们没有能力分辨好坏，而我们现在能给他们的知识也很有限。学校举办这种活动是很有意义的，可以带给孩子们既丰富多彩，又安全、容易接受的课外知识。

希望学校能多举办这类活动，让孩子们获得更多的正能量，这对他们的未来也是有帮助的。

五年级（1）班钱超爸爸

今天是个特殊的日子，我踏着春天的脚步，怀着愉快的心情来到了昌乐小学五年级（1）班参加“爸爸进课堂”活动。

当我步入课堂，走到讲台前，看到下面一双双明亮的小眼睛时，我的心情十分激动，而孩子们渴望学习知识的心情又让我十分惊讶。活动设计中，我主要采用的是和学生互动阅读的方式，是希望同学们能积极参与进来。孩子们的表现非常好！在整个活动中，没有一个小朋友走神、交头接耳，在每一个孩子的眼睛里我看到了孩子们对知识的渴望。望着那一双双明亮纯净的眼睛，我越讲越高兴，越讲越流畅，短短的40分钟很快就结束了。我意犹未尽，其中的快乐和美好的感受深深留在我的心中。

三年级（2）班黄悦雯爸爸

5月11日（周四）的上午我参加了天河区昌乐小学组织的家长开放日活动，这也是我这个学年第一次走进校园，了解孩子的上课情况。第一节课是孩子班主任潘老师的语文课，没想到潘老师的课那么精彩，孩子们全神贯注地听，家长们也很投入。这堂作文课，孩子们表现得很棒，主动学习的欲望非常强烈。说句心里话，看到此，觉得把孩子交给潘老师以及昌乐小学的其他任课老师很放心；也感受到了老师们的责任心，对孩子的学习成长不再担心。第三节课，很荣幸作为三年级（2）班的爸爸代表，给班里的孩子们分享了为什么要在小学阶段养成守时的好习惯和拒绝粗心行为的内容。当决定要到学校给孩子们做分享的时候，就想到以自己的职业身份（一名人力资源管理工作者）该如何讲述既有意义又能给孩子们留下印象的东西时，想到了从职场中的优秀人士的习惯出发倒推小学阶段的习惯养成这个方式。感谢孩子们的配合，课堂气氛非常活跃，互动效果也达到了我的预期。通过与孩子们的课堂接触，我感受到了老师的不容易。每个孩子都是独一无二的，教育真的是任重道远。除了老师们的学校教育，也要好好想想，我们该如何配合老师们做好家庭教育以及社会教育。作为父母，平时对孩子学校的事情关心不够，和孩子的互动也不够，这点是需要在今后加以改进的。希望未来有更多机会走进学校，实际了解孩子们的校园成长。同时，也要做好家庭教育，配合好学校，注重从学校教育、家庭教育以及社会教育三个方面促进孩子的德智体全面发展。

有段话说得好：每个孩子心中都有两颗种子，第一颗种子的核心品质是自我控制力，是控制自己并按照外界环境提出的要求，学习社会期望的知识、技能，完成任务的能力。第二颗种子的核心成分是主动性和创造性，是出于个人内在兴趣、动机和愿望，自发地做自己喜欢做的事情的能力。对于父母而言，就是要发挥第一颗种子的环境优势，改善第二颗种子的生长环境。

三年级（2）班廖章睿爸爸

5 月 11 日上午，天河区昌乐小学举办了“爸爸进课堂”的活动，我很荣幸成了为学生讲课的一名家长。本次活动举办得非常成功。活动的开展有利于学校、家庭与社会资源的共享，让学生学到了课堂之外的知识，同时对家长与学生的沟通起到了桥梁的作用。

通过这次活动我切身体会到老师们的辛苦，为教育孩子付出了多少辛勤的汗水！老师们用实际行动诠释了“一切为了孩子，为了孩子的一切”的真正含义。在这里我代表孩子，代表孩子的家长说一句：老师！你们辛苦了！

本次活动，学校也为家长提供了与孩子零距离接触与沟通的机会，给了家长一个展示自己的机会，让孩子们走近家长、理解家长。再次感谢学校和老师给我提供了这次机会。

二年级（3）班陈烁爸爸

5 月 11 日上午，是昌乐小学的家长开放日，也是“爸爸进课堂”的活动日。我有幸受到邀请，参加了这个活动，为孩子们上了一节关于防骗、防拐、防敲诈勒索的安全教育课。

为了在课堂上能够吸引孩子们的注意力，我采用了视频结合讲解和分析的方式；为巩固授课重点内容，我特设有奖问答环节。开始 15 分钟是播放关于防骗、防拐、防敲诈勒索的视频，孩子们看得非常认真，而我已渐渐地调节好紧张的心情。接着我结合视频的内容介绍了坏人惯用的伎俩有假装求助、伪装身份和威逼利诱；举例说明如何防范危险等。在与孩子们的互动中，孩子们表现得非常积极和专注。在有奖问答环节，孩子们个个高举小手，都希望被我点名起来回答问题，我被孩子们高涨的热情感染了。

感谢昌乐小学开展的这项具有深远意义的“爸爸进课堂”活动，为家长提供了与孩子零距离接触与沟通的机会。通过这项活动也让我深刻感受到了作为老师的辛苦，正因为老师们的辛劳与全心付出，才换来了孩子点滴的进步。“春蚕到死丝方尽，蜡炬成灰泪始干”，老师所做的又何止是这些呢？老师理应得到孩子和家长们至高无上的尊重与感谢。在这里我代表孩子，代表孩子的家长说一句：老师！您辛苦了！！

四年级（1）班学生爸爸

很高兴能参加昌乐小学“爸爸进课堂”活动。我是一名教育工作者，但以家长的身份登上孩子所在班级的讲台，意义更加重大。参与学校的活动，见证孩子的成长，而他势必因我而自豪。以此为契机，活动后我又与他探讨了自信与勇气、付出与回报、尊重与被尊重等话题。这堂课单就我们家庭而言，收获是巨大的。我与孩子的母亲进行了诸多的家庭教育反思。感恩昌乐小学。

我的题目是“沟通的力量，搭建心中的桥梁”。课前与班主任郭老师进行了沟通，之所以选这个题目，也是从自家孩子身上发现的问题。现在的小学生多少有点以自我为中心，不擅长与人沟通；他们对家长时有反感，甚至不愿与家长交流，与同学的相处总是磕磕碰碰，面对陌生人又不知所措。面对这些问题，相信学生自己也曾试图寻找一些解决的方法。而搭建起彼此间的沟通桥梁，无疑是其中最有效的解决之道。希望孩子们明白一个道理——聪明的人懂得去沟通，愚蠢的人只知道去争执，并掌握一些常识性的沟通技巧。

题目有点大，内容比较多，四十分钟的时间相对仓促，但我讲课时仍尽量采用互动的方式。孩子们的眼睛是明亮的，现场的任课老师及听课家长十分配合。虽然是第三节课，看得出孩子们仍然十分亢奋，课堂活跃，智慧的火花四溅，我与孩子们的沟通毫无障碍，连摄影师冲进课堂摄影都没有影响到课堂。当讲到沟通中的换位思考，理解沟通的对方以及父母、老师时，整个课堂安静下来，我知道：孩子们是爱父母、老师的！这让我感到欣慰。家长们，我们的付出值了！

按课堂设计，当《感恩的心》歌声响起，孩子们自由与同学、家长、老师握手拥抱，课堂完美结束。教育需要家庭、学校、社会携手而行，家长在教育中的重要性比我们想象的还要大。

最后，感谢孩子们的所有任课老师，你们的辛苦不言而喻，谢谢你们。特别感谢正副班主任郭老师、刘老师，孩子们的健康成长，离不开你们。祝昌乐小学百顺！

四年级（1）班学生爸爸

自学校组织“爸爸进课堂”活动，作为家长的我期待能感受一下孩子在学校的课堂生活情况，于是主动申请参加活动，为小孩们讲授与我的工作相关的课外知识，丰富他们课外生活并拓宽他们视野，使其了解到科技的进步。

我在课堂上讲述的主题是“移动无线通信——手机的故事”。在夏老师的指引下，上课前我给孩子们讲明白课堂的互动要求，顺利地为孩子们讲述通信技术的概念与发展过程，手机通信技术演进过程，现代手机通信软件功能与应用实现。孩子们很认真地听讲，积极举手回答问题，不清楚的问题会主动举手提问，带着好奇心的孩子们很配合。孩子答对问题时，我会奖励一支铅笔，气氛十分活跃。同时，我给孩子讲解紧急电话使用方法，方便日常生活需要；还告诉孩子们，除了手机移动通信，还有卫星通信、光纤通信、微波通信等系统。

我很幸运有这样的机会能跟孩子们一起分享通信科技知识。由于时间有限，以后再有这样的机会我会继续为孩子们讲述更多。

三 故事与对话

翻看着自己当初写下的文字，头脑中每一个场景渐次清晰。这些场景中有给予我力量的家长，也有给我带来挑战的问题；有与个别家长的促膝长谈，也有和全校家长的共同对话。我感恩，我遇见了他们！享受教育，我们同行！

阿雄

——我的第一任家委会会长

每次看到她，我都称呼她为“振华妈妈”。她的真名我倒没有去记，因为每次活动都是主管德育的李副校长与她联系。直到有一天，我好奇地问：“振华妈妈叫什么名字?”李副校长答我：“阿雄。”“阿雄?”“是呀，赖燕雄。”从此，我记住了她的名字，但每次见到她，我依旧叫她“振华妈妈”，已经习惯了。

这位阿雄，就是我们家委会会长，是学校的得力助手。可以说，她在营造和谐的家校关系中功不可没，甚至更应该说，她是我决定成立家委会的“关键人”。

记得学校刚搬迁到现在的校址不久，她主动来找我，与我分享自己带着孩子在香港参加家长志愿者活动的收获，还把活动的详细情况和自己的感受写成了一封长信，郑重地“托付”给我。当时，我很感动，我对面前娇小的年轻妈妈刮目相看。也就是从那个时候开始，我坚定了成立家委会的信念，同时萌生了关于家委会的诸多思考。

家委会成立了，主动、热情、善良、聪慧的她顺理成章地被推荐为家委会会长。事实证明，她当之无愧。

从此，她的身影活跃在学校各种大型活动中，甚至学校日常管理中。当然，不独有她，还有整个家委会团队。

每年招生工作，她都牺牲双休日的时间率领她的团队和我们老师一起，为报名的家长排号、指引、解释，使得学校招生工作更为有序，让报名的家长和孩子们感受到人文关怀。

但凡学校举办家长培训，只要学校有需要，她总是第一时间安排好签到和指引工作，甚至确定好拍照的人员，把一切都安排得有条不紊、周全细致。

这些年，学校陆陆续续开展了好几场大型活动，最隆重的当属八十周年校庆。阿雄和家委会成员一起，组织了一支志愿者队伍，帮学校印刷日历、派发资料、接待嘉宾、准备场地、摄影录像、组织学生……记得阿雄还曾神秘地告诉我，要给我一个惊喜。后来，有人无意“泄密”——她和六年级的家长已经订购了十一个花篮。

记得上个月德育现场会前两天，我回到家看到的第一条信息就是她发来的：“已经全部通知参与活动的家长。我们7：50到校，全力以赴！后勤工作您不用担心了。”“我请好假了，另外乐队的孩子要不要化妆？如果要化妆，我要另外安排人手，现在是安排了11个人。”我一时感动得不知说什么好。可是，感谢还是要说的，但是仅仅用感谢又岂能表达我当时的感受呢？德育现场会当天，一个个穿着橙色马甲的家长志愿者宛若一颗颗闪亮的星星点缀在校门口、操场、楼道、课室……与会人员听完课，走下台阶，在一道亮丽风景线的包裹下步入主会场。这道亮丽的风景线就是让我们倍添自豪的家长志愿者们。

肇庆端州区中层干部到学校跟岗时，根据安排，我与他们分享家长学校以及家校合作的经验，花都和海珠三所学校的领导和老师也闻讯而来，海珠区五凤小学的周校长还带来了好几位家委会成员。这一计划阿雄是知道的，但是那段时间正好是广交会，阿雄在酒店工作，忙得分身乏术。于是，她就将汇报的任务交给了一位副会长。令我诧异的是，我步入会议室的第一眼就见到了她，顿时有一种喜出望外的感觉，原来她和同事调了班。那一次，除了副会长，她还带来了三位家委会成员，他们团队“作战”，应答如流，让兄弟学校的领导和老师羡慕不已、赞叹不已。周校长当即发出邀请，让我和阿雄去五凤小学给全校老师和家长分享经验。

阿雄的孩子从二年级开始就加入了学校的金穗鼓乐团，鼓乐团的训练是十分辛苦的。倘若有赛事，孩子节假日还必须回校练习。对此，阿雄没有一句怨言，她除了鼓励孩子，培养孩子的坚强意志和吃苦精神，还鼓励别的家长也坚持陪伴和支持。鼓乐团多次出境参赛，无论是香港还是台湾，只要学校需要，她都无怨无悔地扮演着“大众妈妈”的角色，协助带队的老师做好后勤服务工作。

她是真正的冼小人，她常说，学校好，孩子好；家长有样，孩子学样，参与学校活动就是对孩子最好的陪伴。

说她是冼小人绝对实至名归，外出培训时有值得学习的经验她会毫不保留地与我分享；带队出境参赛时，发现学生出现问题的苗头会及时与我沟通；看到别的队伍的队旗、队服特别，会拍下来发给我；自己或其他家长有意见和建议都能坦诚、公正地传递……她的微信中有这样一段话：“鼓号队、舞蹈队不停为学校赢得荣誉，我们家委会也要给力。虽然没有奖杯，但是我会带着家委会擦亮冼小的招牌。虽然我不是最优秀的，但是我一直在努力、努力!”

如今，她的孩子即将毕业，想着今后她或许再也不能像现在这样名正言顺地、“招之即来”地出现在我的视线内，不免惋惜，不免不舍。“时间过得超快，眨眼间孩子就快毕业了，就要离开冼小了，心中非常的不舍。舍不得你们这些可亲可敬的老师们、活泼可爱的孩子们及非常配合我工作的家长们。六年间，我见证了从旧校舍到新校舍的搬迁，几次随乐队外出参赛，每次孩子们都有惊喜给我，每次孩子们都有很大的收获。所有的一切，我都要谢谢您，谢谢学校，给我机会。承蒙信赖和错爱，我所参与的每次活动，都将是我一生难忘的经历。”读着这些真挚的文字，她的善良、她的感恩、她的坦诚可见一斑，这就解释了为什么她麾下的家委会如此听从她的号令，支持、配合她的工作。他们拧成一股绳，共同为学校的发展无私奉献。

正是有这样一位会长，正是有这样一群有责任感、有爱心、有热情、愿付出的家长，才有了和谐的校园，才有了蓬勃的生机，才有了教育的乐土，才有了健康成长的孩子，才让身在此中的我，享受着一份温暖和惬意，感受着成功的愉悦。

阿雄，我的第一任家委会会长，我心中永远的会长。

该不该换老师？（1）

期末考试的前一天下午，一位熟悉的家长来到我办公室。礼节性问候后，她拿出了一个信封，说：“校长，您看看吧，这是我们给您的一封信。”我还没有完全回过神来，她已经礼节性地告辞了。

信是打印的，除了信之外，还有一份打印的班级学生名单以及家长的签名。再一看班级，我想起前几天家委会会长曾经问过我，二年级（3）班下学期是否会换老师？当时我也是云里雾里的，但旋即有了反应。“为什么这么问?”“家长和孩子们都很喜欢现在任教的老师，他们担心过去教孩子们的老师休完产假后回来再教这个班，不利于班级结构和学生情绪的稳定。”

我明白了她的意思。她还告诉我，班级家委会准备召集家长们签名，挽留现在的老师。作为会长的她表示不希望家委会采取这种方式，给学校增加麻烦，干扰学校的决策。

会长是位六年级学生的家长，担任会长工作长达四年。她热心家委会工作，对家校合作的认识极为到位，积极组织家长协助学校做了大量工作，搭建了家校合作的桥梁。有时，就算遭受别人的误解和冷眼，她依然秉公处理，坚持原则，该做的、该说的，挡不住她，不该做的、不该说的，也无法让她违背本心。

思绪又重回到手中的信上，果然，上面倾诉了二年级（3）班家长对本学期任教该班的龙老师、陈老师工作的充分肯定，表达了家长们对两位老师的喜爱之情和挽留之心。再看看签名的表格，空缺的地方所剩无几。看来，家委会充分发挥了“民主”，家长们对两位老师的认可度颇高。

家长挽留某位老师或者排斥某位老师的事情并非第一次。自我来到这所学校，几乎每一年秋季开学后都能听到家长反对换老师的声音，但是很快就会平息。其一是大部分家长理解学校的难处，相信学校安排老师的合理性、科学性；其二是新教师能较快地得到孩子的认可，家长也就接受了，甚至为孩子能遇到心目中更喜欢的老师而庆幸。而写信联名挽留老师的例子屈指可数，但是，我相信会与日俱增，因为家长的民主意识和维权意识在逐渐增强。

任何一件事情之所以发生，必定有其发生的合理性。站在学校管理的角度，毫无疑问地都希望不要节外生枝，希望家长们都顺着学校的思路。站在家长的角度呢，理所当然地希望有优秀的老师来教育自己的孩子，希望孩子与喜欢的、熟悉的老师朝夕相处。因此，面对家长的意见，首先应该理解。

那么，学校是否要依照家长的意见呢？那就要看家长的要求是否合理了。如果是合理的诉求，学校就应该予以考虑、满足。如果与学校的想法相去甚远，学校无法满足，就应该做好解释工作，动之以情，晓之以理，过了“缓冲期”，家长冷静下来，也就理解了，但前提是新老师能迅速地得到孩子们的认可。

择老师犹如择校，如果每一位老师都是优秀的，关于换老师的联名信就不会出现了。作为一名老师，要得到家长的欢迎，要得到孩子们的拥戴，除了要有优秀的学科专业素养，还要有教育教学艺术、组织管理能力、责任感和爱心以及与人相处的艺术，概而言之，就是德艺双馨。

家长联名信，表达的内涵未必那么简单；家长联名信，释放的未必是家长的诉求；家长联名信，考量的未必仅仅是学校的智慧。

但让我满腹狐疑的是，为什么家长把信交给我后，立马礼节性告辞就转身而去了呢？

该不该换老师？（2）

话说上次收到家长的一封信，信中表达了对任教老师的肯定和挽留，信后还附上了该班家长的签名。这本是一件再正常不过的事情，但是，一件看似平常的事情后面竟然“风起云涌”，让这个班的班级 QQ 群冒出了火药味。原来这封信是由某位家委会成员率先发起的，继而发动其他家长签名，剩下的家委会成员并不赞成此举，于是两方形成对峙，甚至彼此冷嘲热讽。

昨天正好是该班的家长会，借此机会，我来到这个班级开会的地方。

我大致复述了该信的内容，简要地说明了我参与家长会的目的就是与大家更好地沟通。

我采用问题分享的方式，展开了对话。当然，大多时候是我在问，我在答。

第一个问题是：假如你是校长，看到这样的信，你会怎么想？怎么做？

在一分钟的沉默后，我首先肯定了家长对现任教师的评价，表达了对反映自己诉求的认同。但是，我不赞成不了解情况就贸然行动，不赞成强行绑架他人言行的做法，更不赞成对不签名家长恣意指责的行为。

这样做，的确表达了对现任老师的拥护，但是，也伤害了曾经教自己孩子的老师。试想，如果这位老师获悉此事，这对即将休完产假归来的她来说无疑是个打击；而且，不公平的说法传播出去，也会影响这位老师即将任教的班级，造成外界对该老师的刻板印象。这对一位满怀热情、认真负责的年轻教师而言，是多么的残酷。

有人认为，超过 50% 的家长签名，学校就要遵从家长的意见，我不知道哪部法律或文件有这样的规定。学校的安排，从来都是基于整体而系统地考虑，从来都是以学生的发展为原则，从来都是集体决策的结果。但是，如果家长的诉求是合理的，家长的考虑比我们周全，安排也是可以改变的。当然，如果要求过分或不合理，学校当然可以拒绝。作为家长，只有理解，因为集体无法满足每个人的不同需求。

第二个问题是：班级家委会的作用是什么？

同样是沉默。在确定大家都不想开口的时候，我的 PPT 翻页了：

（1）关心和支持班级教育、教学工作，为班级进步献计献策。

（2）加强家长与教师、家长与家长之间的沟通和联系，积极参与班级教育、教学管理。

（3）对老师的教育、教学工作进行适时的评价与反馈。

（4）积极带领班级学生、家长参加学校的各项有益活动。

（5）丰富学生的课余生活，组织各项活动，开拓孩子们的视野，增长见识。

（6）收集好的家庭教育模式，评估后进行分享和交流。

（7）负责各项集体活动的策划和组织工作，做好与活动开展有关的联系协调等工作。

我希望，我们能重新认识家委会。其实，很多家长都为学校和孩子们做了很多贡献。比如，每天早上来学校执勤的家长，学校 80 周年参与演出与做义工的家长……我希望，我们班能在家委会的带领下，充分地利用好家长的资源，组织开展丰富多彩的社会实践活动，开阔孩子的视野，丰富孩子的课余生活，促进孩子健康成长。

第三个问题是：班级 QQ 群的功能是什么？

据说，这几天班级 QQ 群让很多人感到不愉快。我想问问大家，当初我们建这个 QQ 群的目的是什么？相信我们的初衷都不是为了发泄个人的不满，不是为了飞短流长，不是为了要对彼此进行言语的攻击。我希望我们的 QQ 群是充满正能量的，大家多探讨如何教育孩子，多讨论如何为学校、为孩子们提供教育、教学资源，多交流如何提升自身修养成为孩子们的好榜样……

第四个问题是：你认为优秀家长学校的内涵是什么？

这封信的后面是这样写的：冼村小学是广州市优秀家长学校，希望学校能尊重家长的意见，云云。将“广州市优秀家长学校”放大，我想是有的家长对优秀家长学校产生了误解。什么是优秀家长学校？简单而概括地说，一是学校在家长培训、提升家长家庭教育素养方面做得好；二是家长的资源利用得好，家长能积极参与学校的各项活动，支持学校的工作。并非学校遵照家长的意见行事就是优秀家长学校。

第五个问题是：我们为什么会坐在这儿？

面对这个问题，家长们都望着我。虽然有各自的想法，但依然期待我的答案。是缘分！是因为孩子的缘分！

我为他们讲述了我的两位同事的故事。由于孩子的打闹造成家长间的不愉快，甚至各不搭理。若干年过去了，长大了的孩子全然忘记了儿时的不愉快，竟然成为来往密切的好朋友。岁月让人成熟，当初的“仇人”重新审视自己，也审视对方，彼此走近，深为当初的行为而羞愧，最终以喜剧的方式落幕。如今，两人已成知己，惺惺相惜。

作为家长，无须为孩子的矛盾过于担心，更无须插足于孩子之间。俗话说，远亲不如近邻，现在大部分孩子都是独生子女，身边的同学如同他们的兄弟姐妹，甚至将来比兄弟姐妹还要亲。一个好汉三个帮，同学成就同学的例子比比皆是，说不定什么时候孩子的同学就能帮上自己。因此，作为家长更多的是要教育孩子学会如何宽以待人、友善相处。

孩子们要在一起度过六年的小学时光，我们家长也要相伴六年。所谓“低头不见抬头见”，我们之间应该相互珍惜、相互尊重，营造一种愉悦的氛围。家长之间的这种情感会不着痕迹地传递给孩子，家长之间的这种行为会潜移默化地影响孩子的成长轨迹。家长就是孩子的第一任教师，家长就是孩子的镜子。为了孩子，作为家长的应该是学高为师，身正为范，做一面真真实实的平面镜。

我的结束语是感谢家长们为学校做的一切，欢迎家长们为学校的发展献计献策！

妈妈都支持

博宇是我教的学生，我看到的她总是笑盈盈的。那天，我为头扎羊角辫的她拍了一张照片，并对她说：“老师要把你的照片放在学校编的教材上，问问妈妈同不同意？”第二天，小女孩清脆响亮地回复我：“妈妈同意。妈妈还说，郑校长要做的事情，她都支持！”我感动极了，惊喜极了！

午饭时分，熊慧芳老师走进了我的办公室。她告诉我，班里一位学生家长很感谢学校和老师对孩子的教育，他自己是做打印机行业的，希望捐几台打印机给学校，所以来征询我的意见。

每天早上回到学校，都会看到一道亮丽的风景线，那就是身着橙色马甲的家长志愿者，校门口、楼梯旁、操场上都有他们的身影。每当我走过向他们问候的时候，他们往往会回报一个真诚的鞠躬和一个甜美的微笑，还会谦卑地说："这是我们应该做的。"每天的遇见，都是一种正能量的输入，让一天的工作能量总是处于满格状态。

二年级福星的妈妈是一位企业负责人，工作忙碌的她也是一位对传统文化极为热衷的人。一年前她就开始进入儿子所在的班，为孩子们解读《三字经》等，助力学校实现"具有传统美德的现代公民"这一培养目标。

一年级一位孩子的爸爸长期居住在上海，为了参与学校的"爸爸进课堂"活动，应孩子之邀，从上海飞到广州，来到儿子所在的班级，为孩子们呈现了一节精彩的活动课。四十分钟后，这位父亲收拾好所有的教具，拉着行李箱，赶往机场，搭乘返回上海的航班。这位爸爸把一个壮硕、温暖的背影留给了老师，同时把一个伟岸、果敢的形象留在了孩子的心里。

诸如此类的例子还有很多很多。每每想起这些，我就想：尽管我和我们的老师仍然会碰到个别求全责备、蛮不讲理、不可理喻的家长，但是，那又有什么关系呢？如果没有反对意见，如果没有挑剔和责备，那就是学校的奇迹。事实上，任何一所学校都是不可能存在这样的奇迹的。值得欣慰的是，在我们的校园，这样的家长和事件少之又少。绝大多数家长是站在家校共同体的角度、站在客观的角度去观察和思考问题的；绝大多数家长是心甘情愿地参与学校活动，心甘情愿地为自己的孩子和学校的孩子们贡献资源，为自己的孩子和学校的孩子们树立美行榜样，让孩子们感受更多的爱和关怀。"一枝独秀不是春，万紫千红春满园。"

捧着一颗心来，不带半根草去。尽管无可比拟，但是，总有一种路漫漫其修远兮，吾将上下而求索的心绪。只要你是全心全意地谋划学校的发展，让学校一天一天地变美；只要你是全心全意地谋划学生的发展，让孩子们一天一天地进步，家长们是可以看到、感受到的。不仅如此，备受感染的他们也会渐渐地融入，无形的力量如滚雪球一般越来越大。

我很欣慰地感受到家长的感受，家长也一定能感受到我的感受。

正因为感受着家长的感受，正因为那一句"郑校长要做的事情，她都支持！"让身在其中的我在一瞬间的沾沾自喜之后倍感责任重大。家长对学校如此信任、家长对我如此信任，我又岂能辜负家长、愧对家长的信任。

我因此更加敬畏我的工作，敬畏每一个生命，努力让一个个灵动的生命绽放出最美的光彩；我因此更多地思考，如何帮助家长吸纳科学的育儿理念，解开家庭教育中的困惑，幸福地陪伴孩子健康成长。

我因此更觉得谦卑的可贵，觉得一个人无须太在意个人的所得所失，一个人更无须因为自己的付出要让别人知晓而叨念不止，一个人还无须因为别人的不理解而怨天尤人。桃李不言，下自成蹊，总有一天终会得到大家的认可。即使不能，只要心胸坦荡，一如既往地走在追求理想的路上，也能达到“上不愧天，下不愧地”的境界。

“妈妈都支持”是一种坚定的信念！“妈妈都支持”是一种鼓舞的力量！“妈妈都支持”是一种翘首的期盼！“妈妈都支持”是一种美好的意愿！“妈妈都支持”是一种没有限期的鞭策！

我和你，在一起

——2015 学年上学期全校家长会讲话

亲爱的家长朋友：

下午好！

很高兴能和大家在美丽的华成小学相遇、相识、相伴。掐指算来，开学至今仅仅一个月的时间，我来到这所学校也只有一个月的时间。但是，在这里，我感觉自己似乎和大家相处了很长很长的时间，开初那一点点的陌生感早已荡然无存。老师、孩子，还有面前的家长朋友，都是那么熟悉、那么亲切！

今天下午，我要和大家分享三个话题，分别是感动、希望、设想。

先说感动吧。感动来自孩子的点滴，当我站在校门口或在校园巡视的时候，大多数孩子都能彬彬有礼地问好，能自觉地把饭盒放好。感动来自一位高年级的值日同学，当他看到一位低年级的小朋友没有把衣服束进裤子的时候，他耐心提醒，并接过小朋友手中的物品，让他腾出手来；感动来自一年级的小朋友，看到同伴没有带彩色笔，能主动把自己的彩色笔借给同伴……

尤其让我感动的是教师节那天一位孩子送给我的贺卡，贺卡是自己制作的，字也是自己写的："郑校长，您让我们的母校变得更亲切！"稚气未退的字迹让我心里暖暖的，这何尝不是一个孩子对我的鞭策。

感动来自我们的社区，包括中石化、广州体育学院、天河大厦、975部队、天河南街居委……他们为学生提供外出参赛的车辆，为学校接待专家提供方便，为学校送来节日的慰问，维护学校周边的安全……尤为感动的是老干所的几位已步入耄耋之年的老同志，他们冒着酷暑主动找到学校，真诚表达希望能为孩子做些什么，言谈之间满是对下一代健康成长的热切关怀……

感动来自我们华成小学的家长，你们有的积极参与学校的第二课堂，有的热心帮助大家购买学习用具，有的积极策划和组织班级活动，有的希望能结合自己的兴趣和特长，为孩子们带来教育资源，增长孩子们的见识……至今，我的头脑中仍浮现着教师节那天家委会为全校老师送来糖水的情景，仍浮现着那一束束充满情和爱的鲜花，仍浮现着开家长会时你们聚精会神的表情。

感动来自我们华成小学的老师，他们对工作的热情，他们对责任的担当，他们对孩子的耐心和爱心，他们对生活的热爱和对同伴的关心，他们的行为一次又一次地诠释着："没有爱就没有教育。"他们积极策划、主动构想学校的特色发展，他们积极争取外出学习培训的机会，他们主动要求承担高付出、低报酬的班主任工作，他们毫不推辞诸如医保、计生这些额外摊派的工作。他们倾情投入！上好每一节课，关心每一个孩子的成长就是他们最朴素的教育哲学！我感到自己真是幸运，在冼村小学那个优秀的团队中走出来，在这里又遇到一群给我温暖和力量的同事。各位家长，我认为我们选择华成小学是明智的，孩子的老师是值得信赖的。

当然，让我感动的还有我们的保安、清洁工、校车司机、绿化工人。他们以校为家，以孩子的安全和学校的工作为己任，让学校保持着有条不紊的秩序！

教育就是这样，它是一个系统工程，需要大家的努力，需要社会的支持！

再来说说希望。第一是希望每一位家长都记住：让孩子以你为荣。我们每一位家长都可以问问自己，孩子除了依赖你们，是否还以你们为荣？你的学问可以让孩子以你为荣吗？你的成就可以让孩子以你为荣吗？你的价值观、你的为人可以让孩子以你为荣吗？人们常说，"家庭是孩子的第一所学校"，其实更是"终身的学校"；人们还说，"父母是孩子的第一任教师"，其实更是

“终身的教师”。苏联教育家马卡连柯曾对儿童的家长们说：“你们自身的行为在教育上具有决定意义。不要以为只有你们同儿童谈话或教导儿童、吩咐儿童的时候，才教育着儿童。在你们生活的每一瞬间，甚至当你们不在家的时候都依然教育着儿童。你们怎样穿衣服，怎样跟别人谈话，怎样谈论其他的人，怎样表示欢欣和不快，怎样对待朋友和仇敌，怎样笑，怎样读报……所有这一切对儿童都有很大影响……如果你们在家庭里粗野暴躁、夸张傲慢或酩酊醉酒，再坏一些，甚至侮辱母亲，那么，你们已经大大地害了你们的孩子，而你们的不良行为将会产生最不幸的后果。”

我所说的以你为荣，既包括我们所说的以身作则，身正为范，又有更深一层的意思，就是父母应该是孩子的骄傲。这就要求我们这些作为父母的有一种好的口碑，让孩子听到邻居对你的赞美，让孩子听到你的同事对你的赞美，让孩子听到你的服务对象对你的赞美；或者让孩子看到你的荣誉证书，看到你的劳动成果被肯定……耳濡目染，孩子就会以你为荣，这种力量是很强大的。这就是不言之教！

今年天河区的十佳最美家庭中，有一个夫妇双方都是环卫工人的家庭。颁奖那天，孩子和父母一同上台。一个区的环卫工人有多少，但是为什么只有他们这个家庭可以获此殊荣？我们可以想象，这个孩子是多么自豪，这种自豪又会化作一种多大的力量触动她、鞭策她。她的为人，她的积极进取，她对生活的态度……已经奠定了良好的基础。

让孩子以我为荣，所以，我要做一个合格的公民，我要做一个出色的员工，我要做一个称职的太太（丈夫）！我要让自己更加优秀！

第二是希望每一位家长都记住：让自己以孩子为荣！孩子有很多缺点，但孩子无疑也有很多优点。孩子最重要的就是要有自信，让他意识到自己的优点，就是自信的起点。所以，作为家长要注重培养孩子的自信心，及时地给予孩子肯定。肯定不是敷衍一句“你真棒”，而应该具体、明确，以增强孩子对自我的认知，巩固孩子的行为。当然，这还不够，对孩子的表扬更为重要的是不能仅限于你和孩子、你的家庭和孩子，而是要适时地在有外人在场的环境下表扬孩子，让孩子感觉到你以他为荣，他是你的骄傲！当然，你对他的肯定或者赞扬要实事求是，要具体。切记，这不能和批评教育产生矛盾，孩子犯了错还是要批评教育，要让孩子明白错误所在和严重程度。否则，怎能形成孩子的是非观念？怎能让孩子健康成长？

教育是一门艺术，教育是一门科学，需要我们老师和家长不断探索、追寻！

最后是学校的设想，五句话：第一落实常规管理，提高教育质量；第二打造传统项目，彰显学校特色；第三推动家校合作，整合教育资源；第四提炼学校文化，凝练学校精神；第五营销办学品牌，扩大学校声誉。

谢谢大家的倾听！记住我和你，在一起。一切为了孩子的健康成长，让我们共同努力！

快乐成长　精彩人生

——家长学校培训发言

尊敬的家长们：

下午好！

首先，我代表全体教师欢迎大家的到来。看到你们，我由衷地感到高兴，说明我们家长能深切地感受到学校和家长是孩子教育的同盟军，是合伙人。同时，我也要代表学校和孩子们对你们说声感谢，尤其要感谢我们的家委会。

感谢家委会会长李慧女士，每周三下午她的到来都是学校一道美丽的风景线。她把烹饪技术带进了学校第二课堂，不仅教烹饪班的孩子做菜和做点心，还教给了他们生活和安全常识。碰上哪位家长顾不上接孩子，她总是主动关心，甚至把孩子带到自己的居所。

感谢家委会副会长一年级（1）班的咏乐爸爸。他主动承担起义务交通协管员的职务，上学或放学高峰时段常常可以看到他疏导交通的身影，为孩子们的安全保驾护航。

感谢家委会宣传部部长可道、可明的妈妈陈小英教授。只要学校有大型活动，她都会积极主动地联系我们，就算没有时间亲自参加，也会安排她的研究生全程参与，采访学生、拍下照片、记录过程……为学校撰写一篇篇高水平的通讯稿。这学期，学校组织参观广州市少年儿童图书馆、二年级家长培训、英语嘉年华、体育节、艺术节……都留下许多由他们提供的文字和图片资料。她对如何提高学校的知名度，加大学校的宣传力度提出了很多很好的建议，有的项目我们已经在开始实施了。

感谢四年级（2）班芳菲的爸爸。他主动请缨，两度走进课堂，为五、六年级和四年级的孩子们各上了一堂趣味盎然的野生动物保护课。除了课堂上呈现的一张张精心准备的PPT，他和他的助手还利用周日时间在学校的大堂挂满了野生动物摄影作品，简直就是一场小型的摄影展！

感谢二年级（3）班子娴的妈妈。2016年11月9日那天，她让消防车开进了校园，让孩子们真切地体验了一场生动别致的消防安全课。双休日的时候，她组织班里的家长和孩子进一步走进消防大队，与消防救援人员面对面。

感谢厨艺高超的四年级（1）班伟伦的爸爸。他在四年级（1）班的美食节上献上了美味可口的卤鸡腿，在艺术节上带领家长们跑起了“龙套”。

感谢一年级（3）班泽菲的妈妈。她把3D打印技术带到了孩子们的课堂，引发孩子们丰富的想象和奇异的思维。

感谢一年级（3）班子晴的爸爸。他用一个生动的《神农尝百草》的故事，把孩子们套牢了，让孩子们目不转睛。

感谢一年级（2）班姝瑶的妈妈。寒假期间她积极协助学校组织挥春活动，精心布置场地，调动员工维持秩序，助力活动圆满成功！

感谢开学初，家委会成员们动用朋友圈的一切力量支持邓淑卿老师，让邓老师的票数迅速攀升，跃入前二。

感谢所有的家长志愿者，你们就是学校和孩子们的义务化妆师、舞蹈老师、乐器搬运工、服装设计师、大厨、摄影师……虽然我叫不出每一位家长的名字，但是你们的微笑永远定格在我的脑海里。正是因为家长们提供资源、献出爱心、付出时间、给予支持，我们华成小学的孩子们才能拥有更加丰富的课程资源和宽广的展示平台，才能拥有更加强劲的飞翔羽翼：学校和老师们才更能感受到鼓舞的力量和支持的力度，我们的生活才能如此快乐！我们的华成才能更加精彩！

感恩有你！感恩每一场最美的遇见！

接下来我要和大家分享的主题是“快乐成长　精彩人生”。

我想，没有哪一位家长不希望自己的孩子快乐成长，我也如此。我的孩子大学期间，我问过他：“你觉得你的童年生活快乐吗？”孩子的回答是肯定的。“那么，你现在快乐吗？”孩子的回答依然是肯定的。对此，我非常欣慰！我认为：快乐是心理健康的标志，快乐也是智慧的源泉、善良的基石。孩子能有今天的成绩，非常重要的一点是源于拥有一颗快乐的心！快乐教育作为一种教育思想是由英国教育家斯宾塞提出的，他的著作《斯宾塞的快乐教育》

非常详尽地描述了他是如何实施快乐教育的。

他说："教育的目的是让孩子成为一个快乐的人，教育的手段和方法也应该是快乐的。就像一根细小的芦苇管，你从这一头输进去的如果是苦涩的汁水，在另一端流出的也绝不会是甘甜的蜜汁。孩子在快乐的时候，学习任何东西都比较容易；相反，在情绪低落、精神紧张的状态下，他的信心会减弱，即使是一个伟大的教育家也不会有任何办法。唯一的方法是先把他们的情绪调节到快乐、自信、专注，然后再开始学习。"

对于这段话，我们不难理解。那么，怎样进行快乐教育呢？

一、保持家庭生活的和谐与美满，为孩子营造一个快乐的环境

父母要努力做一个快乐而乐观的人，要多看孩子的优点，不要只关注孩子的缺点。如果父母对孩子动辄打骂、呵斥，就会打击孩子的积极性，他会因此而变得情绪低落，学习效率降低。用快乐的方法教育孩子，才能进入一个良性循环的教育模式——父母会看到孩子的进步，而孩子也会因为不断获得成就而更加积极努力（《斯宾塞的快乐教育》）。

家长要营造和睦的家庭氛围，让家里充满乐观的气氛和爱的温暖。营造良好家风，夫妻不必为一点小事争执，甚至大吵大闹，伤害对方。如果是这样，不要说快乐，孩子连起码的安全感也会丧失。有一句话说得好：美满的婚姻是送给孩子最好的礼物！所以，为了孩子，父母要努力营造一个幸福的家庭，互相尊重。即使有了矛盾，要分开，也一定要妥善处理，不要伤害孩子。

父母还要把一些积极的、正能量的信息带到家里。就算在单位、在社会上碰到不如意的事情，也不要把消极的情绪传递给孩子，把埋怨和不满带给孩子，更不能把孩子当出气筒。总之，要让我们的家庭常有笑声、歌声、读书声。

二、培养孩子广泛的兴趣

父亲平时要注重孩子的爱好，为他提供各种兴趣的选择，并给他必要的引导。孩子的爱好越广泛，自然就越容易拥有快乐的性格。另外，广泛的爱好也让孩子拥有更多的展示平台，有更多获得成就感的机会，有更多得到别人认可的机会。试想，一个常常能得到赏识和赞扬的孩子可能不快乐吗？象棋、围棋、语言艺术、美术、乒乓球、排球、篮球、奥数、英语、健身、橄

榄球……我的孩子小时候学了很多，但他没有感到压力，因为我没有逼着他去竞赛获奖。其实，只要孩子有天赋、能坚持，愿望终究会实现，也更能体验成功带来的快乐。

三、限制孩子的物质占有欲，使其学会友善和给予

父母要明白一点：给孩子太多东西会使他产生“获得就是得到幸福的源泉”的错觉，所以应结合事例教育他。生活的快乐不能仅与物质财富的占有画等号，不能无限制地满足孩子的需求。相反，我们要教会孩子分享，帮助有需要的人，在分享和给予中得到快乐。

四、密切同孩子之间的感情，培养孩子的社会性

在培养孩子快乐性格的过程中，友谊起着非常重要的作用。所以，父母应该鼓励孩子与同龄人一起玩耍，学会在尊重别人的同时获得别人的尊重，学会愉快融洽的人际交往。这样，才能为孩子的社会化，为孩子未来的精彩人生奠定基础。一个不懂得尊重别人的孩子，一个以自我为中心的孩子，他未来的人生会快乐吗？会精彩吗？

五、鼓励孩子克服困难，迎接挑战

生活中，我们有的家长走入了误区，以为让孩子快乐成长就是一切迁就孩子、放任孩子，对孩子没有要求。有的家长任由孩子玩耍，不做作业也不闻不问；有的家长只要是孩子提出要求便一定会满足；有的家长完全把孩子供起来，不让孩子干任何家务活；有的家长一听到孩子喊累就喊停；有的家长一看到孩子有畏难的情绪就包办代替……这就是让孩子快乐吗？不错，当时孩子会很开心，但这不是我们理解的快乐，更不是可持续的快乐，只有可持续的快乐才能成就孩子的精彩人生！这样做，是对孩子极端的不负责任。上面我还说是短暂的快乐，其实连短暂的快乐都谈不上，只能称其为短暂的逃避！孩子不交作业、违反纪律，老师肯定要批评的；孩子欺负、辱骂同学，肯定是不受欢迎的……一个没有朋友的人，快乐又有多少呢？

所以，当孩子面临困难的时候，我们要思考的是如何帮助孩子克服困难，激发孩子的内在动机，鼓励孩子，而不是让他习惯于放弃。“孩子，这是你自己的事情，唯有学会了自己解决问题，你才可以获得成长的快乐。”我希望我们在孩子碰到困难的时候，我们能够这样说。就算孩子真正遇到了难题，家

长也应注重方法指导，启发为主，而不是完全取代孩子的思考和行动。

六、培养孩子的主动性和自制力

我想起了两年前，我听孙云晓的一场报告《个性发展与平衡教育》。他提及北京师范大学资深心理学教授陈会昌的团队对200多名孩子进行长达19年的心理学跟踪研究。他得出一个结论，孩子的发展，最根本的就是看两颗种子——主动性和自制力是否都发达。这两颗种子发达并且平衡的孩子，就是发展最理想的孩子。陈教授强调自制力在前，主动性在后；孙云晓却认为主动性比自制力更重要。

什么是主动性？以内在的兴趣为核心，以探究精神、好奇心为主，自觉地做事情。

自制力是遵守纪律、遵守规则，做好别人让你做的事情，做好社会让你做的事情。

主动性就像汽车的油门，自制力就像汽车的刹车，缺一不可！所以，教育孩子该收就收，该放就放，就像放风筝一样……放，是为了孩子的快乐，收也是为了孩子的快乐，收放有度才是快乐教育的内涵，才是持续快乐、精彩人生的保障。

七、教孩子学会调整心态

父母要让孩子明白，有些人一生快乐，秘诀在于有良好的适应力和心理状态，这使他能很快从失望中振作起来。在孩子受到某种挫折时，一定要让他坚信前途总是光明的，并教他调整心理状态，使其迅速恢复快乐的心情。我的孩子读高一的时候，成绩排名370多名。面对这样的状况，我看出了他的沮丧……我担心，但是依然鼓励他。高三的时候，大家都很紧张，但他依然保持往常的学习习惯，每天下午坚持跑步，课间和同学们踢毽子、讲笑话。

由于时间关系，有些观点只能点到为止。饲养一匹马、一头牛，养好一盆花，栽好一棵树，烹制一道可口的菜肴都需要学习，养育子女这样一件大事更应当学习和研究！教育是艺术与智慧并存的，我们要不断学习。只有家长好好学习，孩子才能天天进步！

因此，学校通过开展一系列活动，构建丰富家校合作的平台，提高家长们对家庭教育的重视，帮助家长们树立科学的家庭教育理念，催生艺术的家庭教育方法。

最后，衷心地希望我们的家长享受教育孩子的快乐，同时让孩子在快乐的教育中享受成长，成为一个文明、健康、自信、智慧、有担当的人，为精彩人生奠基！谢谢！

智慧的声音　无穷的力量

——给家长的一封信

尊敬的家长们：

你们好！满怀着欢喜和敬意，我看完了凝聚大家真诚与智慧的问卷。一次又一次，你们的真诚与热情、信任与期望让我感动不已。

从问卷中，我看到了你们对学校的满意与肯定；从问卷中，我看到了你们对教育的认知，对“华成梦”的展望。四年级（1）班家长写道：“从促进学生发展出发，以学生发展为依据，开发学生多元智能，注重学生的心智健全。”“坚持特色教学模式，培养学生各方面的兴趣，根据学生的特点与特长，建议家长报兴趣班。”“希望学校越办越成熟，有浓厚的办学特色，发展多种风格。”“‘我和你，在一起’，若每位学生家长与老师都能及时就孩子的问题进行沟通，并共同解决，那未来很牛。”二年级（1）班家长写道：“建议学校多组织学生们参加社会活动，让孩子们从小就了解自己的社会责任；多组织团队活动，培养孩子的团队协作精神。”“希望学校能积极深化传统文化教育，使学生在学习的过程中了解到祖国文化的底蕴。”……仁者见仁、智者见智，不论优劣与对错，参与本身就是贡献！

家长们几乎都能把孩子的健康成长放在首位，能关注孩子的个性品质，关注孩子的全面发展，关注孩子的实践能力，能用多元发展的理念看待孩子的成长……分数虽然重要，但绝非至上。这的确让我倍觉欣慰！

一份份表格，字迹不同，措辞不一，长短各异，但同样温暖！是的，教育问题本该是社会问题。只有大家对教育、对学校有科学的理解，学校才能摆脱孤立无援的境地，学校和家长才能心灵相通、理念相通、行动相通。

“安安心心做教育，有书香；踏踏实实当老师，远铜臭。心怀学子，必有反哺，时间成就名校。”面对这位家长的“诤言”，我一时五味杂陈。我确信这是一位颇具才华的家长，也是一位洞察世事的家长，更是一位对学校和教育充满期待的家长，字里行间蕴含的意义太深刻了！

当我看到“您愿意为学校的发展提供哪些支持?”这一栏时，你们的真情告白让我“受宠若惊”。有的家长“愿意为学校提供免费的平面广告设计”“为学校做义工，随叫随到”“为学校提供爱国主义教育活动基地等支持”。有的家长“豪言壮语”:“全力配合学校，积极服从各种安排。”“只要学校有需要，我们家长尽力支持。”“人力、物力的支持俱可，只要能帮助学生健康成长的、有意义的事都愿意尽一己之力。”……滚烫的热情扑面而来！

在“您还想表达”一栏，你们各抒己见，毫不吝啬，但心有灵犀，诸多家长表达了对学校和老师的感恩之情。“对于老师们为了孩子的成长的辛勤劳动表示感谢!”“特别感谢老师对孩子们的细心、耐心教导，感谢学校领导安排的培训课!”“感谢老师对孩子们的付出，方法得当、坚持不懈。孩子的精彩表现就在不远的前方。”“愿华成小学在新的班子带领下越办越好。”“梦想并非遥不可及，相信经过学校、老师、家长的共同努力，‘华成梦’准可以成为大多家长、孩子的教育梦!”这是一份沉甸甸的责任！也是一份满盈盈的信任！

我和我的班子成员还有老师们一定会珍视大家的智慧，综合各类因素，制订切合学校的发展规划，采取行之有效的策略，实现我们共同的“华成梦”！有的行动我们即刻就可以落实，例如学校与家长之间多沟通，多让孩子们参与社会实践活动等。但是，有的提议不是学校单方面可以做到的或短期内就能做到的，例如建议学校扩大校园面积，建个食堂、游泳池等，希望大家可以理解。

感谢各位家长！你们的参与、真挚、见解再一次印证：享受教育就是那么简单！最美遇见就是那么意外！

关于幼小衔接的答复

小璇：

你好！非常感谢你的信任！

同时看出一位即将升入小学孩子妈妈的“焦虑”，这也是绝大多数一年级新生家长的焦虑或无所适从的原因。过往，我都会在暑假前（大约在七月上旬）即对一年级新招收的学生和家长进行为期一天的培训，孩子和家长都有各自的课程。对于孩子来说，主要是在活动中认识校园、认识老师、认识同伴，对小学最基本的一日常规有一个大致的了解，同时也让学校或老师对孩子们的整体和个体情况做到心中有数，提前介入。最主要的目的是让孩子开心快乐地度过这一天，激发孩子对小学生活的新奇感和向往之情，让孩子喜欢新校园、新老师、新伙伴，对小学生活充满憧憬。

家长课程主要有两方面内容：一是全面介绍学校，例如学校的办学理念、办学特色、教师队伍等；二是对家长进行幼小衔接的培训，让家长们做好准备并协助孩子做好心理、物质、认识等准备，缓解家长的焦虑和孩子的不适。每一次课后都会留下一些时间供家长提问，有针对性地释疑、答疑。

经验和反馈信息告诉我，学校及早介入，家长及早配合，有利于一年级小豆丁顺利地实现幼小衔接。

你家的小豆丁活泼、可爱，喜欢乐高、机器人，爱看科普书，爱听故事，还学了钢琴，兴趣很广泛。

鉴于孩子目前“恐惧”上小学（哈，言过其实了吧），你不必太紧张，因为你的紧张会影响孩子的心理，给孩子造成更大的压力，导致真正的“恐惧”。你不妨营造轻松的氛围，和孩子协商，让孩子意识不到你是在“教育”。大家共同为升学做一些准备，可以让孩子的心态很快调整过来。

虽然幼儿园去小学化，但每个孩子都是不一样的。如果孩子自己有兴趣，作为家长也没有必要阻止孩子的发展，而应该遵循“关键期”的规律，及时对孩子的大脑给予相应的刺激。许多成功的案例表明，孩子提前进行数学训练或提前识字对智力发展是大有裨益的。

个人认为识字也好，拼音也罢，就算是数学，都需以适合孩子的方式，适当地让孩子掌握。孩子具有一定的识字量，一是可以减轻小学学习的负担，二是可以增强孩子的信心，三是可以提前独立阅读的时间。个人认为，提前书写倒没有必要，孩子喜欢涂鸦，但不喜欢正儿八经地书写。而且，书写对于孩子来说难度太大，孩子手部肌肉、骨骼的发育具有较大的差异性。学数学关键是思维的培养，是思想方法的渗透，作为家长应引导孩子在生活中思考和解决一些数学问题，而不是让孩子一味做练习。当然，生活中的问题也要有所选择，切合孩子实际。总之，多给孩子鼓励，多让孩子体验成功，少给孩子挫败感。你家的小豆丁，目前应该是兴趣第一。

识字和阅读方面，可以让他看一些文字少而图画多的绘本。先把绘本上的故事讲给他听，再让他讲给你听，这样书上的文字他也就渐渐地认识了。

再来看看其他问题：

（1）这个暑假，很多准备升一年级的孩子都在培训机构上幼小衔接班，提前学拼音、算术、写字等，请问这些有必要吗？有什么利弊？

答：我对培训机构的幼小衔接教学并不了解。提前学拼音、算术、写字，的确能减轻孩子以后的学习负担，让孩子入学之初就不落后于人或拥有超越同伴的成就感，容易激发孩子的自信，得到老师的关注，对后续的学习也有一定的促进作用。但其弊端也不容小觑，一是会影响孩子的学习兴趣，使得孩子在重复的内容面前降低或失去兴趣点；二是孩子容易养成不专注的习惯，没有挑战的学习会导致孩子爱做其他小动作；三是如果孩子基础不扎实，似懂非懂，导致不听课而形成更多知识漏洞；四是孩子可能产生骄傲情绪导致孩子自以为是；五是提前写字会影响手指骨骼的发育。以上列出的都是近几年一年级孩子中存在的情况，但因人而异。因此，提醒家长准备送孩子到培训机构去上幼小衔接班之前，要考虑孩子的实际情况且了解培训机构的具体课程、教学方法等，再评估其必要性，做出正确的选择。

生活就是学校，家庭就是课堂。利用家庭这个课堂不仅完全可以实现幼小衔接，而且有利于亲子关系的形成。我身边许多孩子都没有参加过幼小衔接班，但是他们依然优秀。

家长要相信自己，相信孩子，相信学校！

（2）这个暑假就快结束了，剩下这半个月时间，幼升小的孩子和家长还能做什么？

答：孩子和家长都要对小学生活充满憧憬，要做好升学准备。例如了解小学生活、了解小学课程、了解小学要求，可以带孩子常到自己未来的学校及附近走走，让孩子喜欢自己的小学并熟悉周围的环境，逐渐生发作为一名小学生的自豪感，实现从幼儿园小朋友到小学生的角色转换，这是心理上的准备。

家长和孩子还要共同做一些物质上的准备。例如准备适合孩子的书桌、书包、手帕或小毛巾、文具（文具不要太花哨、动感，以免分散孩子的注意力，成为孩子课堂上的玩具）、课外书、水杯……

此外，家长还要配合孩子做好生活和行为上的准备。例如让孩子学会按时作息，自己起床，整理房间，调闹钟等，学会做一些简单的家务劳动，培养孩子的生活自理能力。

至于学科知识（主要在于识字、拼音、计算），应该根据孩子的个性特点和感兴趣的程度，让其适当掌握一些。为此，我建议在生活中学习，在自然的情境中学习，在游戏中学习。

（3）相对于知识的积累，可能习惯的养成更重要，幼升小的孩子应该养成哪些习惯？父母又该做些什么？

答：陶行知先生说："教育就是养成好习惯"，对于幼升小的孩子也不例外，主要有生活习惯、行为习惯、学习习惯。

生活习惯体现在生活的点点滴滴，包括前面所提到的自己起床、整理房间、健康饮食等；此外还要学会做一些简单的家务劳动，培养孩子的生活自理能力，使孩子能积极应对学校的集体生活。

行为习惯方面，首先，要让孩子学会基本的文明礼仪，例如主动向老师和同学问好，学会道歉、致谢，不随意拿别人的东西，主动帮助同学，学会和老师、同伴友好相处；其次，要有安全意识，不攀爬栏杆、课间不在走廊追跑、上下楼梯靠右慢行……树立基本的规则意识。

学习习惯涵盖的面很广，大到思维习惯、预习习惯，小到听、说、读、写的习惯。习惯决定命运！这些习惯都很重要。但是，对于幼升小的孩子，我认为首先要培养的是倾听习惯和作业习惯。受多种因素干扰，现在孩子的专注力大不如从前，不良的倾听习惯大大影响学习成效。简而言之，倾听习惯的培养从家长和孩子的交流开始，提醒孩子彼此交流时要看着对方的眼睛。良好的作业习惯包括仔细读题、及时作业、工整书写、独立思考和认真检查。

作为父母，在培养孩子习惯时应该心中有数，循循善诱，指导要具体，但要注意循序渐进，积极鼓励，不能操之过急。当孩子出现反复或不配合时，切忌包办代替或听之任之，“温柔而坚定”很重要！

（4）幼儿园和小学的节奏大不同，如何让孩子不眷恋幼儿园，向往小学？至少不会有恐惧的心理。

答：前面几个问题都对该问题有所回应，即要做好心理准备。当孩子有消极的情绪流露时，从积极方面引导，多与孩子分享小学的趣事，转移他对幼儿园的眷恋，例如认识了新的伙伴，结识了新的朋友，学会了新的本领……

（5）小学老师对孩子的照顾可能不及幼儿园老师那么细心，家长怎样把握跟小学老师联系的分寸？

答：现在家校沟通的方式都非常便捷，除了传统的面谈、电话、手机短信，QQ、微信都是很好的沟通方式，家长们可以采取任何一种方式。当然开学初老师工作很忙，尤其是一年级新生入学时，老师几乎都跟在班里，就算是下班也有许多事务需要处理。面对四五十位家长，老师对于手机或电脑的信息不一定能及时看到或回复，家长应该理解。

建议家长：①可以提前把孩子的性格特征、兴趣爱好、身体状况等告知班主任。②碰到问题，妥善解决，及时化解不愉快。③相信老师，尊重老师的劳动，且向老师传递你的肯定和理解。

（6）如果在小学一年级刚开始时，孩子测验成绩不理想，家长要如何正确对待，摆正心态？

答：现在小学几乎都淡化了测验。如果刚开始小豆丁测验成绩不理想，据我分析主要有三种原因：一是孩子真的没有掌握好知识技能；二是孩子没有学会考试的技能，对测验毫无概念；三是没有意识到测验的重要性，没有谨慎对待。无论自己的孩子属于哪一种情况，家长都要保持平静的心态，不能一味地批评和指责孩子，给初入学的孩子造成压力和恐惧。如果是第一种情况，家长需要做进一步分析，帮助孩子查漏补缺。如果是后两者，亦可以放心，通过老师的指导和孩子的领悟，下一次或再下一次测验（考试）就不会出现同样的情况了。

最后，祝贺我们的小豆丁要成为一名小学生了！祝愿其拥有幸福快乐的小学生活！祝愿家长和孩子共同成长，共同享受教育和成长的美好！

积极应对　健康成长

——再谈家长如何配合刚入学的小学生适应校园生活

随着小学开学时间的临近，作为一年级新生的家长，面对孩子新的开始，此时的心境是怎样的呢？期待、欣喜、信心满满、坦然面对，还是茫然、担忧、忐忑、焦虑……或者兼而有之。

作为曾经的一年级新生家长和每年都要进行一年级家长培训的教育工作者，有四点建议给大家，希望能给家长提供帮助，让家长更科学地配合孩子尽快适应校园生活，为未来六年的健康成长奠定基础。

一、了解小学要求，保持目标一致

作为学校来说，每一年开学之前都会对家长和孩子进行入学前培训，其目的就在于更好地实现幼小衔接，让家长了解小学的学习特点和学校要求。比如幼儿园的学习方式是以游戏为主，没有具体的学习任务，没有严格的上下课时间，比较自由。而小学的学习方式是以系统的知识教学为主，每一节都有固定的时间（40 分钟），上课时孩子不能随意走动，需要完成学科学习任务。孩子上课要积极投入，课间十分钟要注意安全，积极开展课外阅读，完成各种形式的作业，做值日时要打扫教室，认真做好课前准备……家长只有了解了小学的学习特点，在配合孩子实现幼小衔接时才会更有针对性。

二、洞察孩子特点，给予更多鼓励

孩子入学的第一天非常关键，大多数孩子进入校园，面对陌生环境，或多或少都会有一种心理上的不安全感，但经过一天或半天的新生培训后畏惧感和戒备感一般会消失殆尽。据我观察，培训活动结束后，绝大多数孩子都是喜滋滋地跑出来依偎在家长身边的。但也有个别性格内向的孩子，并没有进入角色，而是面无表情或脑袋低垂地走到家长面前。个人认为家长依然应该充满热情地迎接孩子，给予鼓励，对校园、老师、同学给予更多赞美，而不能给予负面的强化，反复地在孩子面前评说孩子的弱点。

很多家长，尤其是一年级学生的家长，几乎都为孩子的做作业苦恼不已，有的抱怨孩子做作业拖沓，有的指责孩子字写得像鸡爪。其实，导致孩子出现上述问题的原因很多，有的是受环境影响，有的是家长行为所致，有的是自身的问题。这自身的问题又有后天和先天之分，而大多数家长都将其归结为“不认真”，于是渐渐失去耐心，吹胡子瞪眼的，对孩子大声呵斥。但是，即便这样，情况并没有改变，甚至可能让孩子产生逆反或厌倦的情绪，疲于应付。如果懂得孩子的心理发展特点，就会改变态度，真正地帮助孩子克服诸如此类的问题。有个一年级的孩子，每次写字总是超出格子范围，而且几乎每一个字都是散架的，孩子的妈妈多次提醒无效，终于忍无可忍，把孩子的作业本撕了，让孩子重写。面对妈妈的强权，孩子只能哭丧着脸努力执行命令。可是三年级了，这个孩子的字依旧维持当初的特点。其实，这个孩子是天生的视觉统合失调，如果妈妈了解这些，她就会鼓励孩子，会采取科学的干预方法，细致地进行指导。这样，也就不会导致孩子对语文学科敬而远之。因此，当孩子出现问题的时候，父母要沉住气，要妥善地解决，给予孩子更多的理解和鼓励。

三、沟通联系顺畅，及时解决问题

大多数一年级学生家长毫不掩饰对孩子的担心，担心孩子的安全，担心孩子的学习，担心孩子的休息，担心孩子和同伴的交往，还担心老师是否关注自己的孩子……家长的心情可以理解。现在大多数学校都会在孩子入学的时候建立班级家长 QQ 群或微信群，老师能及时地反馈孩子的情况。对于自己孩子的具体问题，家长还可以直接通过各种方式向老师了解、反映，便于老师及时掌握情况，帮助孩子适应学校生活，进而喜欢上学。当然，沟通更在于孩子和家长之间，尤其是开学第一周，家长要积极主动地与孩子交流，交流时要让孩子感觉到爸爸妈妈是专注、热情的倾听者，对学校、老师、同学这些话题很感兴趣。当然，任何一所学校、任何一个教育工作者都不会是无可挑剔、尽善尽美的，孩子也会对学校、老师产生不满，作为家长要积极引导，切忌在孩子面前附和，批评学校和老师，表现出轻蔑和抱怨。这样做，有损学校和老师的威信。“亲其师，信其道”，缺乏尊敬和信任的教育只会适得其反。

四、做好各项准备，培养良好习惯

事实上，暑假期间，家长就应该让即将入读一年级的孩子做好心理准备、物质准备、习惯准备。心理准备方面，主要要让孩子意识到自己即将是一名小学生，有一种成长的自豪感，并对小学生活充满期待。物质准备方面，主要是帮助孩子准备学习用品，在准备台灯、书桌、书包、笔盒等时要考虑健康、简单、实用等因素。市场上的笔盒、笔、橡皮等文具琳琅满目，形状各异，功能多样，颇能吸引孩子，几乎成了孩子们的玩具。这些特别的“小可爱”一旦被带进课室，自制力弱的孩子是无法“淡定”的。

小学阶段养成习惯比学习知识更为重要，一年级尤为关键。作为家长首先要让孩子养成良好的生活习惯，培养孩子的自理能力，包括早睡早起、按时就餐、少吃零食、调好闹钟自己起床、叠被子、每天晚上收拾书包准备第二天的用品……孩子的生活习惯好、自理能力强，自然就能尽快适应小学生活，家长也就省心了。

一年级，同样是学习习惯培养的关键期。作为家长，首先应该为孩子营造一个光线充足、空气流通、安静整洁的学习空间，排除会分散孩子注意力的因素，不把可玩可吃的东西放在桌上。其次应该指导孩子明确作业要求，认真阅读、书写，养成预习、检查的习惯，保持阅读和书写的正确姿势。最后养成独立思考的习惯。当孩子碰到困难的时候，要鼓励孩子独立思考，而不是轻易帮忙或包办代替。如果真有难度，家长要细致指导，甚至手把手教。

以下几点也是特别需要注意的：

（1）家长以身作则，为孩子树立榜样。教育孩子时，家庭成员的意见要保持一致。

（2）让孩子学会关爱他人，尊敬老师，友爱同伴，做一个诚实守信、文明礼貌的孩子，成为受欢迎的人。

（3）每一位老师都有自己的长处，对于学校安排的班主任和科任老师，家长最好的选择就是坦然接受，加强与老师的沟通，支持与配合老师的工作。

（4）有些刚入学的孩子不善于言语表达，存在交往障碍，经常会有不当动作，造成同伴之间发生冲突。面对这样的孩子，家长要冷静对待，妥善处理。

“人生的路虽然漫长，但紧要处却只有那么几步，特别是当人年轻的时候。”对于六年的小学而言，一年级刚入学这个阶段是最紧要的，与其说是对孩子的考验，不如说是对家长的挑战。只要家长有了充足的准备，孩子适应小学生活，掀开崭新的篇章，领略灿烂的风景指日可待！

关于课后辅导班的对话

背景介绍：涵是个甜美可爱的女孩，她喜欢阅读、篮球、唱歌。广泛的兴趣爱好培养了她文明自信、开朗大方、活泼聪颖的个性。四年级时她被选拔为天河区魔星轮合唱团的成员，常常随团参加省内外各种演出或赛事，每次回来她都开心地与爸爸、妈妈还有弟弟分享自己的收获。她还是学校大队委，每一次学校的大型活动的主持人团队中都有她的身影。学习方面，虽然称不上名列前茅，但也是年级的佼佼者，是老师的骄傲。

涵妈曾受过师范教育，现在是某公司的负责人。她倡导民主的教育方式，善于尊重孩子，和孩子平等对话，共同协商解决问题。作为两个孩子的妈妈，她很注重培养涵的管理能力和榜样作用，因此身为姐姐的涵对于弟弟来说是一个颇具人格魅力的带领者，妈妈也就“轻松”许多，能够在家庭和事业之间游刃有余。

因为大家的理念相通，我和涵妈之间常常会有许多关于学校和孩子的对话。下面的一次对话源于 2017 年 7 月 11 日我给她推送了一篇《人民日报》微信公众号转载的来自《中国教育报》的文章《上海 15 万小学生学习情况调研结果惊人：没上过辅导班的孩子学习后劲更足》，文中虽然主要讨论的是入读小学的“零起点”问题，但也涉及其他年级。

涵妈：写得很好！她这个观点指的是学前对吗？包括小学吗？

涵妈：很多家长在升学的前期就不淡定了，现在经济都过得去，精力也有。给孩子花得起钱，也愿意陪他们折腾，目的就是不输给已经在上补习班的同学。现在很多幼儿园的孩子提前上小学，去学而思上课，这已经是普遍现象了。

涵妈：像我们这种不上辅导班的属于特例了。

涵妈：总觉得孩子吸收得多就有竞争力，题刷得多就离成功更近了一步，真不知我们国家怎么会出现这种教育现象。

涵妈：很多地区设置了名校。名校的门槛就是考超纲的内容，采取密考等方式拉生源。很多家长就拼了命地往里面挤，哪怕头破血流，削尖了脑袋也要这么做。

涵妈：自从上次杜妈妈分享成功经验后，更多的家长开始在暑假带孩子拼命刷题，孩子真是累。

涵妈：我总觉得教育不是一天两天的事，一定有一个成长的规律，切不可心急。我认为这种结果会有几个弊端：孩子即使考上了好的学校，难保有些孩子在一定时期不会非常叛逆、厌学；父母啥事不干就盯着孩子，期望值太高，孩子缺乏自由空间，会变得很压抑；孩子觉得生活没有乐趣，对校内老师教的知识缺乏好奇心和探索精神，反正课外要再学，这样对校内老师也是个挑战。

涵妈：成绩好的孩子也补，差的更不用说。半桶水的就采取一对一或一对二的补习形式。真是火了这些培训机构啊。

涵妈：当然这只是我个人观点，在教育孩子的路上我也是摸着石头过河。但我不会去跟风，除非孩子自己有强烈的意愿。

涵妈：这么大的孩子已经有些自己的想法了，我把这些情况跟她分析，她是有自己的见解的。她更愿意在学校认真听老师讲课，认真完成每一天的学习任务。

涵妈：我听过不少补习班的孩子说人生真无趣。

夏草（我）：乱象丛生，家长无所适从，很可怕。

涵妈：是的。我非常认同您的教育观点，让学习兴趣伴随孩子一生远比现阶段高分重要。

夏草：是的。

涵妈：杜妈妈的总结：现在孩子的成功是拼爸爸的钱、妈妈的信息（情报）和孩子的努力。

涵妈：如果是这样，寒门或者我们老家那些孩子连门槛都跨不过去了。可是江西的教育照样很棒，很多孩子靠的都是自身的努力。

涵妈：在我跟他们聊到这些观点时，他们会认为我不思进取，要求不高，对外面的行情不了解。他们觉得步步为营才能为孩子赢得更高的起点。

涵妈：我说那我就做个普通人吧，不求大富大贵。静待花开，孩子保持好的习惯和兴趣是最重要的。我相信孩子的内驱力迟早有一天会迸发出来。

涵妈：因为我也学过教育学和心理学的课程，感悟可能会有些不同。孩子的心理成长是需要一个过程的。当然不可否认，有一些好胜心很强的孩子，渴望在每个阶段学更多，这又另当别论了。不过这种孩子还是少的。

夏草：是的。

涵妈：谢谢您！遇到知音了。我并不认可父母为了孩子，把所有精力和心血都花在孩子身上，美其名曰一切为了孩子。我反倒觉得父母除了适当的陪伴，应该用自身人格魅力去吸引和影响孩子。过度地关心孩子，孩子也活得累啊。

涵妈：也就是您通常所说的身教大于言传，教育还是要回到基本的原点上来。留给孩子一定的空间是有必要的，学习方面毕竟孩子才是内因，父母只是外因。现阶段的社会现象，搞得父母成了内因了。

涵妈：您是教育的行家，我真的很敬佩您！

夏草：这些观点你整理一下就是一篇很不错的文章了。

涵妈：我敬佩您不仅仅缘于您培养了一个优秀的儿子，还有您对教育的热爱！

夏草：谢谢鼓励！

说是对话，其实我是个十足的倾听者，之所以呈现给读者，是希望给家长们带来一些思考。对话中的杜妈妈也是学校一位特别优秀的六年级孩子的家长，据说看到周边的优秀孩子几乎都上了辅导班，无法淡定，最终还是让孩子浸润在各种辅导班中。当然，孩子如其所愿进了广州的一所名校。一位家长在听了杜妈妈介绍孩子的名校之路后，马上帮助孩子制订了暑期辅导计划。

暑假和朋友聚会，朋友向我倒苦水："养个孩子真不容易，光暑假的培训费就接近一万元了。"原来朋友的孩子下学期初二，上学期期末考试数学和英语成绩距离期望值太远，"找了两位辅导老师，帮助孩子补缺查漏。开学后，还得补"。她一脸的无奈。

"补"或者"不补""该如何补"真应该因人而异，而不是盲目跟风。

寒冷来袭，温暖依旧

这两天是广州市一年之中温度最低的两天，寒风挟着冷雨，让人不敢出门。那些敢于应约聚会的，应该是生死之交了。

一早起来，打开微信，朋友圈里满是热议广州天气的。有的从阳台伸出双手接着落下的雪粒子；有的传来广东北部山区的雪景；有的上传了飒飒寒风中树影摇曳、绿意葱茏的小视频，还附上一首打油诗，充满着对雪花飘飞的期盼；有的晒出孩子用雪粒子堆出的晶莹小雪人；有的附上异国他乡暴雪来袭的壮丽景观，让南国的朋友满心羡慕。朋友分享的“雪景”中，最可爱的应该要数一群美丽的女孩对着一辆轿车举起手机的那张，轿车的前盖铺满了薄薄的雪粒子（专家称之为“霰”），这足以引起从小生长在南国从没有看见过雪天的孩子们的兴奋。我相信，就算是从东北过来的朋友，也不免要惊诧、狂喜一番吧！

天公对子民也算眷顾，把最冷的两天留在寒假、留在双休日。这样，孩子们大可以留恋温暖的被窝，不用早早地匆忙赶来上学；大人们大多数也可以闭门不出或者自由选择出门的时段，暂时抛弃朝八晚六的规则。不过，倘若知道今天有雪，恐怕就是另外一番情景了。

我呢，生物钟仍没有调整好，只能像往常那样早起，然后跳跳绳、准备早餐、打开朋友圈、吸纳正能量……喂饱了自己后，一边听着《上下五千年》，一边敲打着键盘，独享这片属于我的温暖的世界，回味一个又一个温暖的故事。

不得不说的是家委会的故事。

学期初，学校成立了新一届家委会，开展了家委会成员的培训活动，邀请华师附中第一届家长义工团团长侯晓梅女士、冼村小学家委会的全体成员共同分享推进家校合作的实践经验，明确了家委会的权利和义务。会后，每一位家委会成员都获赠了一本《亦师亦友——一个妈妈的手记》。参与培训的家委会成员是各个班推荐出来的，他们都是积极支持学校和教师工作，热心为家长和孩子们服务的家长，是学校和老师的好帮手！

除此，各班家委会成员中推荐一人，组建了校级家委会，确切地说应该是家长教师委员会。这个组织除了每班一位家长，还有学校各个年级的级长、主管德育的主任和校长，下一步还要补充社区人员或校外辅导员。

成员们推举了会长，分成了宣传部、财务部、联络部、活动部四个部门，每一个部门都有一位部长担纲。看得出来，家委会的每一位成员对学校工作充满信心，对家委会工作充满热情，对孩子成长充满责任。短短一个学期，他们带给我很多很多的感动。每每想起他们，就看到一幅幅温暖的画面，这，又是一场美丽的遇见。

学校门口只有两个车道，每逢上学或放学期间，就拥堵得厉害，而且车内的人一开门就容易碰撞到路边的行人或进出校门的学生，存在安全隐患。学校多次警告家长禁止在校门口停车，情况有了缓解，但是总有那么几个家长抱着侥幸的心理，为了自己的方便，不顾别人的安危。家委会副会长一年级的咏乐爸爸得知后，主动承担起义务交通协管员的角色，不论是酷暑还是雨天，他都会在上学或放学时段也就是接送孩子的高峰期对车辆进行疏导，对车主进行引导，让道路保持畅通，保证孩子们的安全。想起咏乐爸爸的时候，脑海中总是浮现出他在校门口指挥车辆的情景，有时立定在一个地方指挥车辆，有时穿行在车辆之间进行疏通；有时婉言相劝，有时振振有词，情绪激昂，让车的主人理屈词穷。由于他的坚持，校门口的状况大有改善。想起这一幕幕，温暖直抵心房！

家委会的宣传部部长陈小英是广州体院新闻系的教授，她有一对令人羡慕的孪生儿子。“道可道，明可明”，哥哥叫可道，弟弟叫可明，很有中国文化的气息。这位宣传部部长可是实至名归！只要学校有大型活动，我们的宣传部部长就积极主动地联系我们；就算没有时间亲自参加，她也会安排她的一位叫天赐的研究生全程参与，采访学生、拍照片、记录过程……为学校撰写了一篇篇高水平的通讯稿。这学期，学校组织参观广州市少年儿童图书馆、二年级家长培训、英语嘉年华、体育节、艺术节……都留下许多由她们提供的文字和图片资料。她对如何提高学校的知名度，加大学校的宣传力度提出了很多很好的建议，有的项目我们已经在开始实施了。想起她，就想起她把我拍得风姿绰约的美照，想起我们合影时灿烂的笑容，想起她对我的赞美、鼓励和鞭策。温暖极了！

芳菲是个全面发展的孩子，可谓品学兼优，多才多艺。她的妈妈是学校家委会的一员，热心地配合与支持学校工作。早在开学初，他们夫妇就主动请缨，询问是否需要让芳菲爸爸来学校为孩子们展示自己的动物摄影作品，讲讲野生动物知识。我欣然应允，这是多好的事情！11月，芳菲爸爸两度走进课堂，为五、六年级和四年级的孩子们各上了一堂趣味盎然的野生动物保护课。除了一张张精心准备的PPT，他和他的助手还利用周日时间在学校的大堂挂满了野生动物摄影作品，简直就是一场小型的摄影展！如今，孩子们在照片前津津乐道、流连忘返的情景，芳菲爸爸娓娓道来的情景和孩子们争先恐后抢答的情景已经定格成一幅恒久的画面，一掀起就会涌出一股温润的清流。

不能不提的是学校家委会会长，一位颜值颇高的会长。每周三下午都可以见到她，因为她是学校烹饪班的“师傅”，她不仅仅教烹饪班的孩子做菜和做点心，还教给了他们用电、用火的安全常识。会长的颜值固然令我赏心悦目，但更让我欣慰、敬重的是她的爱心，她的正气，她的善于设身处地为学校着想、为家长和孩子分忧的担当——东北人的气概彰显无遗！碰上哪位家长顾不上接孩子，她总是热情主动地将孩子带到自己的居所，留下电话给家长。期末考试那天，天气寒冷，一个一年级的孩子独自在校园里黯然落泪，她看见后走过去问清原因，原来家长记错了接孩子的时间。后来，她把孩子带到自己家，并联系上家长。跟着她，孩子顿然感到安全和温暖。

能够为这个寒冷的冬天带来暖意的故事还有很多。

厨艺高超的伟伦爸爸，在四年级（1）班美食节上献上了美味可口的卤鸡腿，在艺术节上带领家长们跑起了“龙套”。

气质高雅的子娴妈妈，11月9日那天让消防车开进了校园，给孩子们上了一堂消防安全课；双休日的时候，她还组织班里的家长和孩子走进消防大队，与消防救援人员面对面……

娇小智慧的泽菲妈妈，把3D打印技术带到了孩子们的课堂，引发孩子们丰富的想象力，开发他们的思维。

高大帅气的故事爸爸——子晴爸爸，一个生动的《神农尝百草》的故事便把孩子们套牢了，让孩子们目不转睛。

还有一个个穿着橙色马甲的家长志愿者，他们在家委会的组织下成为学校的化妆师、乐器搬运工、活动管理者、道具的制作者……

朋友圈里热火朝天地谈论着可爱的雪，对寒冷的微词了无一丝。此时此刻的我，何尝不是被温暖的气息萦绕呢？何尝不会时刻感受到这些温暖的气息呢？

家长开放日

真是应了那句话：贵人出门遭风雨。

今天是学校家长开放日，暴雨从昨天晚上就开始下，一点也没有歇息的意思。到了早上甚至下得更欢，似乎要和上班的成人、上学的孩子进行一场长长的马拉松赛，比拼意志和胆量。

家长开放日正常进行，大家丝毫没有因为暴雨而有所懈怠。校园处处都是美丽的风景线，课堂上的老师们笑容可掬、娓娓道来；孩子们认真倾听、安静思考、参与讨论、响亮应答……家长们专注的神情令人感动，当然，他们聚焦最多的是自己家的孩子。大课间无法外出活动，老师们组织家长和孩子们开展丰富多彩的亲子活动，有的班级是才艺展示，有的班级是故事分享，有的班级是吟诵表演……掌声、笑声、歌声不时飞向窗外。

子娴妈妈一脸疲惫，她是抱病来参加的。看到我，她强忍着咽喉疼痛，表达了对学校和老师的赞许。刘婧妈妈放下手中的生意，陪伴了孩子整个过程。偷得浮生半日闲的爸爸们也不甘示弱，积极参与，用行动证明关爱的力度。

这次家长开放日，学校老师毫不含糊，为了给家长们交上一份满意的答卷，大家积极准备。事实上，冰冻三尺非一日之寒，老师们的素质是经得住考验的。学校平时就很重视教学常规管理，重视老师们的专业发展，重视校本培训，重视课堂教学研究。家长开放日只是一个促进的手段，是一个展示、检验的平台。事实证明，每一位老师都是学校的骄傲！吟诵见长的熊兴丽老师穿上了曼妙的旗袍，年轻沉稳的范秀红老师长裙拖曳，活泼可爱的晓蓉姑娘白上衣、黑裙青春无敌，资深美女劳雪美、管月嫦、湛燕雄一袭套装端庄得体，天天新装的孙萍萍老师活泼中不失严谨……老师展示了美的形象，也传递着对家长的尊重和对活动的重视。

所以，赢得家长赞声一片也在情理之中。

通过反馈表可知，家长们对校园环境、班级文化、学校师资、教学管理都很满意，有90%以上的家长认为学校无课业负担。家长们对课堂教学也是好评不断，每个班皆开放了三节课，每一节都是100%的满意率。

和家长聊天的过程中，大家对学校的家长开放日称赞不已，对学校老师称赞不已，对学校的办学特色尤其是民乐称赞不已，纷纷表达对孩子成长环境的满意和对学校的信任。有的家长还表示，孩子很喜欢现在的老师，希望她能一直把自己的孩子教到小学毕业。四年级（3）班一位家长一把拉住我，喜悦之情溢于言表：“这个活动太好了！我们可以了解老师的教学方法，在家里指导孩子就不会抓瞎了。最好每个学期能举办三次……”我笑了。

金无足赤，人无完人，既然打开了校门我们就有勇气接受批评和建议。有的家长指出孩子在学校的体育锻炼太单调了；有的家长建议学校门口要有禁烟标识，以提醒到访者和家长；有的家长希望某位老师讲课的声音再响亮一些；有的家长提醒个别老师板书的字再大一些……言语之中不乏真诚、鼓励和期待。

有则改之无则加勉，我们的目的既是让家长了解学校，了解孩子的校园生活和学习状况；同时也是让家长来“挑刺”、监督和献计献策的。“三人行必有我师焉，择其善者而从之，其不善者而改之”，只有这样，我们才能为孩子的成长提供更加优质的环境和资源。

这是一次成功的活动，这是一场美丽的遇见！

调查结果

郑校：

您好！就前几天打电话确认之事，这几天和家委会成员及班级家长核实，完全是将莫须有的罪名给了陈老师。家长们都很信任和支持陈老师的工作，经过这件事也获得了一些证据，说明我们班的确有个别家长与众不同，有点小问题就争论不断。其主要事件有三：①开学之初，因为孩子转班，一直纠缠六十元的班费，最后家委会出钱，这件事才不了了之！她对于班级每次多买几套书备用也相当不满意。②自己的孩子与其他孩子发生小摩擦，一般父母都是私下沟通或者先教育自己的孩子，她直接在班级群里公然批评对方孩子，对方发微信说私聊，别伤了孩子的自尊心，她就说人家偏袒孩子。③学

③学校太极服一事，服装价格是一年级所有家委会成员直接和厂家协定的。在班级群公布收费通知后，她就说自家孩子衣服太多，为一次表演买衣服没必要，然后又私信我们班负责此事的家委会成员，说学校收费之贵、衣服质量之差，绝不能助长这些不正之风，要去教育局投诉等。

很不凑巧，这三件事均由同一个家长引发，所以不是我们的老师做得不到位，是个别家长的心胸不够开阔，不想支持学校和班级的工作，一点小事就引起骚动！对于上面的几件事，我们家长都把聊天记录截图发给我，所以如果需要我配合出示证据，到时我一并附上！

郑校，给您说这么多，就是想向您表达一下我们一年级（3）班所有家长的心声，我们完全支持学校和班级的工作，热烈拥护您的领导，请您不要因为个别人而影响心情，您的身后有我们强大的支持团！最后，顺祝您周末愉快，心情棒棒哒。

这是一年级一位家长在微信中发给我的，她也是学校家委会的一员。起因是有家长向教育局纪检科“反映”孩子所在班的班主任在微信群发布团购的信息，作为家长的她很无奈，迫于情面不得不参与。当时，我就产生怀疑，因为学校多次提醒老师们要维护自身形象、学校形象、教师群体形象，做到自尊、自爱，树立高尚师德，我相信老师们绝对不会去触碰师德底线的。直觉也告诉我这不是该班主任的作风。为了慎重起见，为了明确地向纪检科答复，为了证明老师的清白，我必须展开调查。于是，我就找到该班的一位学校家委会成员，她当即否认没有看到所谓的团购信息，但她爽快地接受了“明察暗访”的“任务”。或许和我的想法一样，要用事实来为老师洗脱嫌疑，于是就有了上面的这封信。

在冼村小学十二年的校长任期内，从头至尾只有一宗家长投诉。当然，没有投诉也不完全代表学校办得有多好，有一些投诉也证明不了学校的办学绩效不高。几乎所有的投诉都与家长和孩子的利益相关，有些投诉是确有其事，有些投诉却子虚乌有；有些投诉关乎孩子生命和健康，是大事、要事，有些投诉却是鸡毛蒜皮、不足挂齿的小事；有些投诉的确可以促进学校管理更加规范、民主、科学，有些投诉却紧紧地束缚了学校的手脚，导致学校管理失去了生机和活力，导致教师诚惶诚恐，倍感压力……

面对家长或社会的种种围攻，面对一宗宗“投诉”，真应该妥善处理，一是要了解情况，二是要引导家长。我很赞赏某些行政部门工作人员的做法。

当他向学校求证的时候他会客气地说："我只是向您反映一下"或"向您汇报一下"，让校长感到被理解和尊重。有的工作人员还会引导家长："这件事情您还是直接跟校长沟通吧，相信校长会处理好的。"然后打电话给校长，或是叮嘱或是提醒，这就是一种艺术。

事实上，发现问题，家长第一时间的确应该和学校校长沟通，要信任学校。当该班另一位家长得知此事后异常愤怒，指责"投诉"的家长"损人不利己"，家长还指出"这样做不是在诋毁自己孩子的学校吗?""老师付出了那么多，老师这么关心孩子，不但不感恩，反而无中生有。"最后不忘补充："校长，陈老师是被冤枉的。我们都很喜欢陈老师，支持陈老师，支持学校……"

事实上，99.5%的家长都是通情达理的。面对剩下的0.5%的家长，我们无须苛求也无法苛求，毕竟每个人的素养是千差万别的。我们依然满怀信心，为了自己，为了100%的孩子和99.5%的家长。

享受教育，我们同行

教育是个系统工程，需要全社会的支持。苏霍姆林斯基说过："教育的效果取决于学校和家庭教育影响的一致性。如果没有这种一致性，那么学校的教学和教育过程就会像纸做的房子一样倒塌下来。"实践证明，确凿无疑！

时至今日，面对信息化社会和日益激烈的竞争，学校所担负的使命和责任更为重大。一方面，学校要取得家长的理解和支持，引导家长和学校达成一致意见；另一方面，面对家长的焦虑和因为焦虑而导致的孩子压力过大，要帮助其缓解。只有解决了这些问题，学校才不至于陷入纷扰和无奈，才有可能专注地办学，家长的心境才有可能平和，学校和家长才有可能成为真正的"合伙人"，共同享受教育的成功和喜悦。

家委会和家长学校是家校合作中的两个轮子。家委会的意义在于参与、理解、支持、监督、享受；家长学校的目的在于教育理念的引领和家庭教育方法的指导。

一、家委会：参与、理解、支持、监督、享受

（1）家委会的产生。每一所学校都设立了班级、年级、校级的家委会，每一级家委会都有章程和组织架构，分工合理，一般设立四个部：宣传部、财务部、联络部、活动部。各级家委会每学年初选举一次，有自荐和他荐两种形式，由学校颁发聘书。

（2）家委会具体工作。学校每学年都对家委会成员进行培训，以明确职责和权利；各级家委会每年要听取学校的计划或工作思路、工作总结，提出建议和意见；家委会要承担上传下达的任务；家委会有责任增进学校和家长的理解，消除误解，化解矛盾；家委会要对学校各项工作进行监督，确保依法治校和现代学校制度的执行；班级家委会每年要制订本班校外实践活动计划。

投我以木瓜，报之以琼琚。学校敞开大门，敞开胸怀，真诚面对每一位家委会成员和每一位家长，同时接受家长的监督，共同为孩子的健康成长创设良好的成长环境。

每天早上，校园的门口和各个楼梯口都站着穿着橙色马甲的家长志愿者，他们在为孩子的安全保驾护航；每一次大型活动，都有家长协助指引和摄像、摄影；每一次春游，家长们都在群里热烈响应，争做义工；每一年的运动会，家长们都积极参与亲子项目或扮演好啦啦队队员的角色；每一次家长开放日，都有家长在校门口微笑迎宾；每一天的校园，都可以看到家长的身影；每一次的跳蚤市场，都有家长为孩子们当助手；每一次的家长会都有家长站上讲台分享育儿经验……其实，这一切都有赖于甘于奉献的、热心的家委会成员。

班级家委会的活动也是丰富多彩的，每个班每学期都有 2 ~ 3 次参观和体验活动；每个班都有家长安排一个下午的时间组织体育技能训练；每一个班都有家长走进课堂，当起了“爸爸老师”或“妈妈老师”。有的班级还组织志趣相投的家长开展读书分享会。

参与学校活动、为学校提供帮助的家长都有一种自豪感、成就感，且乐在其中。更为重要的是，家长的积极性不仅对孩子的心理、学习、品德都有正面的影响，还有助于构建良好的亲子关系。基于这样的考虑，学校和家长都向前迈了一大步，彼此携手，乐在其中，构建良好的教育共同体。

苏霍姆林斯基说：“施行学校—家庭教育不仅可以很好地培养年轻一代，还可以使家庭和父母的道德面貌完美。”

家长们在参与中理解，在参与中支持，在参与中享受快乐和幸福，协作、共赢、和谐的家校关系由此形成。

二、家长学校：学习、领悟、掌握、实践、享受

《全国妇联教育部中央文明办关于进一步加强家长学校工作的指导意见》（2011）中明确了家长学校的主要任务：面向广大家长宣传党的教育方针、相关法律法规和政策，宣传科学的家庭教育理念、知识和方法，引导家长树立正确的儿童观和育人观；组织开展形式多样的家庭教育实践活动，增进亲子之间的沟通和交流，使家长和儿童在活动中共同成长进步；通过多种形式为家长、儿童提供指导和服务，帮助解决家庭教育中的难点问题，提升家长教育培养子女的能力和水平；增进家庭与学校的有效沟通，努力构筑学校、家庭、社区“三结合”的未成年人教育网络，为儿童健康成长营造良好环境。

在我担任校长的第一所学校，刚去的那段时间，老师在给孩子进行课后辅导时，等在校门口的家长非常不耐烦，嘴里骂出难听的脏话。如果对学校安排的老师工作不满意，家长就要到学校去闹腾，非得给自己的孩子换老师不可。观察孩子的言行，很多陋习都来自家长。一个问题孩子的背后一定有一个问题家庭，要教育好孩子必须先教育好家长。基于以上思考，学校决定发挥家长学校的作用。

经过五六年的实践，从少到多，从易到难，从点到面，家长学校的作用日益凸显，家长的个人素养和教育素养得到了较大的提升，从外表到内在都有了质的变化……因此，家长学校建设成为学校发展中重要的组成部分。

学校在问卷、访谈、查阅文献的基础上设置了三级家长学校课程：校级课程、年级课程、班级课程。每一级课程又分为基础课程与选修课程，授课的形式有专家讲座、分享感悟、亲子活动、问题咨询、阅读资料等。

好的开头是成功的一半，我尤其重视新家长学校（一年级家长学校）课程，为新生家长一学年设置 8 ~ 10 个专题，侧重于学习、生活、行为习惯培养等方面，例如如何实现幼小衔接、如何培养孩子的阅读习惯、如何培养孩子的劳动技能、如何培养孩子的学习习惯等。

针对高年级的学生家长，开展青春期孩子的教育；针对父教缺失，开展“大爱父亲”的系列活动，有讲座、亲子活动等。

内容丰富、形式活泼的家长培训不仅向家长宣传了党的教育方针政策，向家长传递了科学的教育理念和中华家庭美德，还为家长如何开展家庭教育

提供了方法和工具上的指引，融洽了亲子关系，消除了焦虑，减轻了压力。同时，家长为学校的服务意识、担当精神所感动，每一次活动的满意率皆达到 100%，每一张问卷上都写满收获和喜悦。

在某次“家校协作，党员先行”的分享活动中，一位家长在反馈表上写下：“我参加本次活动，真可谓‘听君一席话，胜读十年书’，借鉴不同学科的老师、教育专家及家长们的育儿经验，结合自己女儿的特点，灵活运用，真的管用。”

参加完“周末约吧”，有的家长感言：“游戏让我们回想起了童年。作为父母要学会倾听，与孩子互相理解、互相谦让。不要把我们的想法强加在孩子身上，这样孩子会很累，我们也很累。要给孩子一个快乐健康的学习成长空间。感谢郑老师，也感谢学校组织这次培训活动。”

学习完学校编印的《学吧，学爸》，一位爸爸写下这段话：“作为父亲，我每天尽量花半小时以上的时间和孩子相处、交流；每个周末，我都会和孩子一起运动。孩子的成长，需要父母的陪伴。希望孩子快乐、健康、坚强、睿智！”

听完主题为“大爱父亲”的讲座后，三年级的一位家长在微信中留言：“两个半小时的课程我听得津津有味、意犹未尽，第一次有种不愿下课的感觉。”

从家长的现场表现中，从家长的课后感言中，从平日里和家长的言谈中我可以感受到家长对学校充满了信任，对自己的教育充满了信心。

家长学校拨动了家长的心弦，让原本存有疑虑、分歧的家长放下成见，消除芥蒂，打破壁垒；让原本迷茫、无助、从众的家长化解困惑，得到帮助，获取信心。家长和学校“同屏”，成为真正的教育“合伙人”，共同为孩子的健康成长服务，享受共同成长的幸福！

享受教育，我们同行！

愤怒与 3A

今晚的正面管教家长工作坊，我与家长们共同体验的是“愤怒与 3A”。从家长的表现中，我除了深深地感受到家长们在家庭教育方面的困惑，在面对孩子挑战行为的强势或无助外，还感受到家长们其实是很善于思考的。事实上，只要我们用适当的方法打开他们的“开关”，他们自己就能够“看到”，能够找到自己需要的东西——正确的教育理念以及科学的教育方法。当然我也感受到正面管教的魅力，正面管教除了能够给予家长（老师）适当的工具，还在于它不是灌输，不是给予，而是触发和引导。

我准备好了“愤怒与3A”的材料。按照《家长培训师指南》中的流程，第一轮，让家长们围成一个圈，邀请了一位志愿者扮演小孩，站在圆圈的中央。我把“应该/不应该”清单给了6名家长，让生气的“孩子”对6名家长逐个说：“我非常生气，我要揍小明!”接着，6名家长会按顺序轮流对“小孩”做出相应的反应。这一轮结束后，“小孩”和家长需要回顾自己的感受、想法和决定。

第二轮，“小孩”在另外6名家长面前逐个重复说：“我非常生气，我要揍小明!”6名家长则按照“认可、准许和可接受的解决方法”清单上的内容轮流对“小孩”做出反馈。同样的，结束后“小孩”和家长需要回顾自己的感受、想法和决定。

当家长们重新回到座位上时，需要回答问题：你从这个活动中学到了什么?

一时之间沉默。我在等待，和善而坚定地等待！我相信，家长们一定有话说。

“我学会了如何与孩子沟通。”

“第一次是完全不顾及孩子的感受，没有理解和尊重孩子；第二次是认可、接纳孩子的感受，让孩子感受到每个人都有愤怒的时候，让孩子觉得自己被理解了，而且还帮助孩子找到发泄的方法。这正是我要学习的。”

“我感觉到家长的话对孩子的影响是很大的，孩子的行为受到原生家庭的影响。这个家庭是怎样的，父母是怎样的，孩子就是怎样的，父母是孩子的一面镜子。所以，我们接纳孩子，我们对孩子友善，孩子也能学会友善。”

“在第一轮中，孩子可能会产生消极、退缩的情绪或愤怒的情绪。就算孩子的怒气被压下去了，但也只是暂时的。长期用这种方式去对待孩子的负面情绪是很不利的。孩子的情绪一旦爆发出来，后果会很严重。”

“认可、接受、帮助孩子寻求解决问题的方法，则会让孩子有安全感，情绪会很快地平复，并接受家长的建议。相反，则会让孩子觉得委屈，要么消退，要么爆发。”

“要学会理解孩子的情绪，学会和孩子沟通……”

话到此时，活动的目标已经达成：家长知道，如何让孩子了解愤怒为自己的合理感受，并帮助他们找到可接受的、表达他们愤怒情绪的方法。

聆听家长们的分享，我油然而生一种欣慰和感动，每一场相遇都带给我不同的惊喜。不是我帮助了家长，而是家长帮助了我。是家长让我看到了他们的茅塞顿开，是家长让我更深入地认识到不同的人会因为文化背景、家庭背景、孩子秉性的差异而碰撞出颜色各异的火花，它们错落地交织成一簇簇绚丽的花团。亦师亦友！谁能说得清谁是师，谁是友呢？

附：

“应该/不应该”清单：

①你真的不该那样想。②你知道那种感觉可不好。③那你都做了什么？④你该爱你的兄弟（姐妹、朋友、家长）才对。⑤别让我再听到你说那样的话。⑥回房间去，等你学会了礼貌的说话，再出来！

“认可、准许和可接受的解决方法”清单：

①认可愤怒：听上去你真的生气了。②准许愤怒：每个人都有喜怒哀乐的权利。我不会责备你，我也常常会感到愤怒。③可接受的解决方法：例如，你愿意打打沙袋来发泄一下吗？你愿意对着玩具熊大叫来发泄吗？你愿意在走廊上跳上跳下来放松吗？

三个热身小故事

暑假期间，广州电视大学承接了南沙、白云、从化等区的校长任职资格培训，我受邀为培训班的学员讲课。当联系我的老师与我商量课程内容时，我毫不犹豫地选择了家校合作。学校特色、教师发展、德育管理、个人成长……都很重要，但是我想这些老生常谈的问题，即使没有听过课也可以从多种渠道得到相关的资讯，我并没有高人一筹的见地。而家校合作就不同了，作为广州市家庭教育促进会理事、首批广州市家长学校基地负责人、广东省中小学德育研究会学校共育专业委员会副会长，我对家校合作的研究颇有一些心得，无论是在研究的时间上还是在研究的深度和广度上都能跻身于广州市前列，因此底气十足，可以自信地和准校长及校长们分享。

每一次课前热身，我都不厌其烦地与学员们分享三个小故事。

故事一：墙上的钉子

我是2003年8月12日到当时的学校上任的，那是一所偏于一隅的城中村学校，学校的产权归属村委会。当问及学校和社区、家长的关系时，当时副校长的一句话让我至今记忆犹新，她说："学校任何事情都要通过村委会决定，哪怕墙上钉一枚钉子都要征得村委会同意。"我不免心有戚戚，与村委会干部打交道的时候多了一道防线。随着交往次数的增多。我逐渐轻松起来，始终没有感觉到副校长说的那种被干涉的感受。相反，我得到的支持越来越多，当学校开展大型活动的时候，当发现有租客朝操场扔垃圾的时候，当校门口出现乱摆乱卖的时候……村委会干部都会亲自上门协调或安排协管员、保安人员来处理，确保学校平安、整洁、秩序良好。

故事二：要求换老师

开学后的第一天下午，我在办公室接待了六年级某班的近十位家长，他们是为换老师而来的。据说，类似的事件时有发生，而且家长往往可以达到目的。我心中有数，抱定了无论如何也绝不妥协的念头。

家长们一一列举了老师的种种不是，如不负责任、对学生过于严厉等。我心平气和地、专注地倾听着家长们的轮番"控诉"，当他们的意见被悉数陈述，心情逐渐平复下来的时候，我坚定回应：①这些都是道听途说；②老师也是会改变的，应该给其机会；③该老师的学科素养和教学能力很强，给老师一个机会就是给孩子一个机会。

时间不早了，可是家长们依然抱着一线希望，丝毫没有要离开的意思。我呢，依然气定神闲……这样耗下去并非良策，我看准了其中一个"带头的"家长，感觉她并非胡搅蛮缠的人。于是一方面称赞他们对学校办学的关心，另一方面认同他们对孩子老师的担忧，但也肯定他们是通情达理的家长。

或许是我的真诚，或许是我的承诺，也或许是我的坚定让家长们觉得真应该给彼此一个机会。"带头的"家长主动和我达成一致意见：给老师一个月的时间，以观后效！当然，这位老师没有辜负我的信任。某天和"带头的"家长偶遇，她主动向我问好，还对班主任称赞有加，且感谢我当初的决定。

只要是具有充足理由的、正确的事情，即使家长反对也不要妥协，否则事事受干涉，时时被牵制。我们要做的是动之以情，晓之以理，艺术地解决。

故事三：年级家长专题培训

一个月之间便听闻家长各种难登大雅之堂的行为，有的行为堪称恶劣。据说因为两个孩子产生矛盾，其中一位家长竟然提刀走进课堂，让自己的孩子用刀砍对方，把老师和孩子们都吓呆了。家长不仅缺乏科学的教育方法，而且对孩子不管不顾。放学后，我听到站在校门口接孩子的家长因为孩子没有及时出来而不耐烦地指责、辱骂老师。

这里的老师太委屈了，这里的家长太可怕了，这里的孩子太可怜了。埋怨和指责解决不了问题，只有引导，我相信教化的力量。

于是，我决定对家长进行培训。由于场地问题，只能分年级进行。第一次的培训对象是五年级学生家长，犹记得我站在功能室门口迎接家长的时候，几乎没有一位家长向我致意，有的家长甚至对我投以质疑、冷漠的眼光。

而当培训结束，家长们离开的时候，几乎每一位家长都有了生动的表情，带着感激的微笑，向我点头告别。有的还真诚地说着“谢谢!”“辛苦了!”其中一位奶奶还抓着我的手，一个劲儿地表示自己受益匪浅，回去要转达给孙子的爸爸。

首先是精心设计内容，引用了心理学实验和其背后的原理；其次是真实的案例。整个过程，几乎每一位家长都专注地看着我，聚精会神地倾听。当时，我被家长感动，也被自己感动。家长需要被引导！此后，学校的家长教育逐渐地制度化、课程化，走上健康发展的轨道。

当时的这三个事例，带给我的思考是学校、社会、家庭形成的教育系统能否和谐运行，能否发挥最大的效应，主要取决于学校的主动性。在家校合作中，学校应该引导家庭。

四 思考与分享

家庭是孩子的第一所学校，家长是孩子的第一任老师。孩子在成长，孩子在问题中、在错误中成长，家长作为第一任老师任重道远，不仅在孩子童蒙时期要履行好老师的职责，而且孩子成人后依然是孩子的老师，是永远的老师。师者，传道、授业、解惑也！成长无止尽，学习无止尽！

逛街时，如何面对哭闹的孩子

——再说延迟满足

喝茶闲聊时，谈大姐抛出一个问题，这个问题来自她的同事。某天开会前，一位年轻的妈妈向谈大姐诉说自己的苦恼：某次带一岁多的孩子上街，孩子喜欢上了一双鞋，可是这双鞋码数太大了，但无论妈妈怎样劝说，孩子就是抱着不放，“执意”让妈妈买，而且还哭闹不休，让妈妈很是难堪。当然，不仅仅是买鞋，看到喜欢的玩具也是如此。面对哭闹的孩子，妈妈束手无策，这不，只好向经验丰富的家庭教育专家谈大姐请教。无奈，会议已经开始了，他们各自找到座位，散会后又各自回家。今天，谈大姐向我提及“面对哭闹的孩子该怎么办？”

教育讲究的是因材施教，对症下药。我们要思考的是，为什么孩子会哭闹不休，且反复出现类似的行为？因为这是孩子的“撒手锏”。孩子的经验告诉他，只要哭闹就可以满足要求，于是，这就成为他达到目的的手段。这种意识起源于襁褓，孩子饿了，便会啼哭，一哭妈妈就会在第一时间送上甜美的奶水。当然，身体不舒适的时候也会哭闹，哭闹过后会得到更多的照顾与呵护，获得舒服、满足的感觉。久而久之，哭闹与满足构建了条件反射，孩子潜意识中的信息就是哭闹可以得到满足，且学会了迁移。于是，无所不用其极，从买玩具到买衣服几乎有求必应……有的孩子甚至抓住家长的心理弱点，偏偏选择在人多热闹的地方，让爱面子的父母在众人的眼光和无形的“社会压力”下丧失原则，彻底屈服。

小到一件玩具、一双鞋，大到任何无理的需求，让家长悔不当初。是孩子的问题，还是家长的问题？毋庸置疑，孩子的问题就是家长的问题。如果家长能及早提防，如果家长能相机教育，这些后果是完全可以避免的。

这让我想起心理学延迟满足的实验。心理学家把一些 4 岁左右的孩子带到一间陈设简陋的房子，然后给他们每人一颗非常好吃的软糖，同时告诉他们，如果马上吃就只能吃一颗；如果 20 分钟后才吃将多奖励一颗软糖，也就是说，总共可以吃到两颗软糖。有的孩子急不可待，马上把糖吃掉了；而另一些孩子则耐心等待，从而获得了更丰厚的报酬。心理学家继续跟踪研究参加这个实验的孩子们，一直到他们高中毕业。跟踪研究的结果显示：那些能等待并最后吃到两颗软糖的孩子，在青少年时期，仍能等待机遇而不急于求成，他们具有一种为了更大更远的目标而暂时牺牲眼前利益的能力，即自控能力。而那些急不可待只吃一颗软糖的孩子，在青少年时期，则表现得比较固执、虚荣或优柔寡断，当欲望产生的时候，无法控制自己，一定要马上满足欲望，否则就无法静下心来继续做后面的事情。换句话说，能等待的那些孩子的成功率远远高于不能等待的孩子。

这个实验给我们的启示就是，要培养孩子的意志和判断力，要让孩子禁得住诱惑，学会等待。当今社会，无论是爷爷、奶奶还是爸爸、妈妈几乎都唯恐孩子受一点委屈，尽力地满足孩子的需求。这样做，表面看来是爱孩子，其实是害了孩子。一是让孩子养成了养尊处优的品性；二是让孩子性情浮躁，缺乏进取意识；三是一旦孩子的需求无法满足，会让孩子变得粗暴或者产生无法控制的后果。

作为父母，明智的做法是：

（1）满足合理的需求。我们也不能一味地延迟满足，例如孩子饿了，该吃就吃；孩子不舒服了，该抱就抱。应建立正常的亲子依恋，满足正当的生理需求和情感需求，否则，容易让孩子缺乏安全感，不利于孩子心理的健康发展。

（2）给予正确的疏导。在生活中要善于引导孩子，让孩子懂得哪些东西该属于自己，哪些东西不该属于自己，属于自己的东西又应该怎样去争取。家长要让孩子逐渐学会正确的价值判断。

（3）有意识地延迟满足。不能对孩子百依百顺，有时还可以故意“为难”孩子，考验孩子。譬如，孩子看上的衣服，改天去买；爱吃的零食，慢慢享用；喜欢的课外书，细细品味。

（4）良好的榜样和坚决的态度。家长也要做一个善于等待、善于克制、努力追求成功的人，为孩子树立优秀的示范作用。当孩子提出过分的要求时，必须毅然决然地拒绝，并有理有据，不要让孩子感到有回旋的余地。

在这个物欲横流、遍地快餐文化的时代，在这个浮华躁动、急功近利的时代，能否把握机会并取得成功，都得从孩提时上街哭闹的那一刻开始教育起……

以万变应万变

不经意间，昔日的小孩子倏然长大，正在陶醉、享受为人父母的成就感时，诸多家长也为日渐长大的孩子苦恼。他们不清楚当初那个乖巧的孩子怎么就公开与自己唇枪舌剑，甚至形成了一种针尖对麦芒的气势。当初亲密无间的亲子关系，出现了斑斑驳驳的裂纹。

那天，我的 QQ 好友发来一条消息："自上高中以来，小孩的转变令我无所适从，有时真是很苦恼。"作为过来人，我很理解这位母亲的感受，也希望能为她排忧解难。家长告诉我，孩子在小学、初中时都很听话，不知怎么一上高中会有这么大的转变。"平时跟他说的话，就是不听，他就是一意孤行，结果……"

一意孤行？

她说，孩子偏科很严重，只喜欢学文科。期中考试他的理科成绩都在 85 分以上，期末考试却勉强及格，但文科成绩还不错。当孩子拿着成绩单给妈妈看时，妈妈一看儿子的理科成绩是那么"刺眼"，脸色即刻阴沉下来，没好气地对孩子说："文科好有什么用！理科这么差。"

她还怀疑自己当初让孩子选择这所学校是不是一个错误。她说，学校里优秀的孩子太多了，孩子一定感到压力大。

从妈妈的叙述中，我得知孩子将来准备选考文科，还得知孩子其实学习是很勤奋的，期中考试在年级中排一百多名，也接受了妈妈提出的请学长为其补习数学的建议。

虽然我掌握的信息不够全面，但至少可以揣测：孩子其实对自己的未来是有想法的，刚上高一就能做好未来规划，明确方向，做出选择文科的决定。总的来说，孩子的心态是积极向上的。何有此说？孩子希望将所有的精力和时间都放在自己擅长的学科，而且又是未来高考的学科上；孩子虽然对数学没有兴趣，甚至有些厌倦，但是依然没有放弃。基于这两点，妈妈应该为孩子感到欣慰。另外，孩子自觉学习的态度也是值得肯定的。

我建议妈妈对孩子多一点赏识。第一，孩子能顺利考入这所学校，是多少孩子和家长羡慕的。第二，孩子能及早确定方向，制定策略，可见是一个有主见、善于规划的人。第三，孩子能自主安排学习时间，具有学习自觉性。

我建议妈妈对孩子多一点理解。小学、初中时期孩子都是学校的佼佼者，到了高中，强手如林，精英荟萃，难免会有一定的压力，性情也会有所改变。作为家长应该与孩子同理、共情，帮助孩子顺利适应新环境，调适学习、生活状态，使其放开心胸。

我建议妈妈在对待孩子时冷静一点。当孩子的表现低于自己的期望值时，妈妈一定要冷静，“冲动是魔鬼”，急躁起来往往容易出口伤人，例如“文科好有什么用！理科这么差。”“你不听我们的话，才会有这样的后果。”“我怎么有你这样的儿子。”……一味地责备或者强迫孩子听从自己的主张，势必火星迸发，导致亲子关系恶劣，让孩子越来越消沉或逆反。冷静，才有可能让对话继续下去。

孩子在成长，家长也应该成长。在孩子小时候，家长更多的是扮演老师的角色，对懵懂的孩子循循善诱，偶尔也“威逼利诱”，让孩子迫于权威而屈从，这就是家长眼中的“听话”。孩子长大了，尤其是上了高中以后，性格更加独立，思想更加成熟，如果家长依然用过去惯常的招数来达到自己的目的，那就太低估孩子的发展了。

做家长是一门永远的学问。只有不停地思考和学习，不停地修炼和调整，以万变应万变，见招拆招，亦师亦友，才能给予孩子力量，成为孩子成长的促进者。

还是那四个字：因材施教

前段时间一篇文章和一本书的内容让我受益匪浅。

文章是《中小学管理》中关于某个学校进行超常孩子教育实验的成果报告。该学校运用科学的评价手段对四年级的孩子进行测试和选拔，进入实验班的孩子利用四年的时间可以学完从小学五年级到高三的课程，且大多能以优异的成绩进入中国科学技术大学的少年班或者进入重点高校，因而21岁左右就能研究生毕业，或者继续深造，或者走上社会，在青春灿烂的年华开始创业或开展研究。由于课程设置的科学性，这些孩子并没有感觉到特别大的压力。当然，他们本身的智商就不一般，在掌握了学习方法以后迁移能力非常强，真正可以做到“举一隅不以三隅反”。尤为称道的是，这所学校非常重视孩子健全人格的培养，重视孩子意志力的培养，重视合作意识的培养，因此这些孩子走上社会以后在人际交往方面不存在任何的障碍，反而显得大方得体。这所学校非常重视孩子的身体素质，每天安排一节体育课，并且在周三下午安排整整一个下午的自然体育课。野外就是孩子们的课堂，在体力锻炼、在充分享受大自然的过程中开展相关科学、自然知识的学习。

由此，按照估算，一所学校拥有1%的超常儿童应该是正常的。那么，一所500人的学校应该拥有5个超常儿童，如果这5个超常儿童，哪怕是只有2个能按照上面所说的实验班的模式去培养，那该是一件多么幸运的事呀！事实上，我们普通学校根本无法做到，这与我们无法培养杰出人才是否有关系呢？更有甚者，这些超常儿童往往会被老师看成另类，他们的“不安分”甚至让老师头疼不已，被老师打压，被家长压制，将他们的创造性扼杀在萌芽中。所以，我希望我们的学校、我们的老师即使不能给超常儿童提供具体的帮助和指导，不能全面地、耐心地给予正确的、细致的、科学的引导，也要善待并宽容他们，给他们平台和空间，而不是打压，不是磨平他们的棱角，要求他们和大家的步调完全一致。

看的那本书，名为“走在孩子的后面”，作者蔡兴蓉是一位家教老师，一位曾经在公立学校从教20年的高中语文教师。本书是他的观察笔记，讲述了他辅导的60多个孩子的真实教育故事。60多个孩子鲜活而极具个性，有的酷爱宠物，有的热衷艺术，有的妙语连珠，有的静若处子，有的放荡不羁；有的为了提高分数而学，有的为了兴趣而来……这些孩子的背后折射出现行教育体制下人的价值取向，投射出家长的失望、无奈、逃避。

作为一位家教老师，作者从拨动孩子的心弦开始，聆听孩子的倾诉，走进孩子的心灵世界，让孩子心悦诚服地接受教育。作为一位家教老师，他毫不掩饰地表达自己对孩子为了适应“中国老师安静的要求，故意掩饰自己个性——在老师面前扮死相”的悲哀和失落。

从中我也看到了家长对孩子的重视程度之深，且方法各异。有的家长看重孩子的快乐，有的家长更在乎孩子的分数；有的家长很严厉，有的家长对孩子无比宠爱；有的家长富于智慧，有的家长对学校的看法失之偏颇。这就是家长的众生相吧！作者真实地呈现、剖析了一些孩子的情况和家庭教育的状况，面对如此的“揭秘”，我时而不置可否，时而不得不承认，时而感到深深的无奈，时而也为家长的用心而感慨……

反观我们的学校，对孩子又了解多少呢？反观我们作为父母的，又能倾听孩子多少的真心话呢？我们所做的，哪些又是孩子真正需要的呢？很多时候，我们看到的只是表面现象，甚至是假象。看来，我们常常奉为真理的“因材施教”并没有植入我们的思想，至少，我们应该了解我们的“材”是什么！

时至今日，学生压力大、负担重已经是不争而且严峻的事实，对于其原因想必大家曾思考过。但我认为，不管何种原因，家长对孩子的影响才是最关键的，家长是要面子还是要孩子的健康？家长是要孩子快乐还是要分数？家长是真正了解孩子的需求还是要将孩子所有的时间挤占，满足自己的从众心理？家长是有独立的思想还是盲目跟风？家长是把孩子看成完整的个体还是自己的操纵工具？

不知怎地想起了《礼记·学记》中的：“大学之法，禁于未发之谓豫，当其可之谓时，不陵节而施之谓孙（逊），相观而善之谓摩。此四者，教之所由兴也。”

放置于此不免牵强。但我要表达的是不论是教育还是教学，都应该因人而异、讲究方法。说到底，还是那四个字——因材施教。

缘何如此焦虑？

放假前，两位老师郑重其事地到办公室找我，说是一位六年级的家长为了让孩子冲击华杯赛的二等奖，而让孩子马不停蹄地备战，直到华杯赛结束。家长希望学校批准其请假，让孩子全力以赴。当时老师看到的一定是我满腹狐疑的表情。老师还补充说，其实已经有好几所所谓的民办“名校”向这个孩子伸出了橄榄枝。我不能理解家长的行为，因为很多家长对华杯赛（之前是奥赛）趋之若鹜都是以升入名校为目的的，这孩子既然“名花有主”就不需要有此担忧！如果说仅仅要证明自己的实力或者证明孩子对数学竞赛的兴趣就更无须此举，何况孩子是否有这意愿还不清楚。如果孩子真对数学怀有满腔热情，有一定的竞赛基础，且把获奖作为自己执着追求的目标，那么，寒假一个月的备战时间，再加上开学后的课外时间，是完全足够的。如果孩子是基于家长的期望或者虚荣心，被动接受家长的安排，就算是偿了心愿，又如何？任何事物都具有两面性，两个月里花费全部的时间和精力去追逐一个名次，得失之间不知家长是否权衡过？退一步，以此心态，如果孩子没有获奖又如何？

因为孩子，家长的淡定如何保持？

寒假和几位市小学数学教研会的同道一起去增城回访。在车上，我们三句不离本行。数学教研员梅老师告诉我们，有一位当中学语文教研员的同事向她求助：儿子在某小学读书（本市的一所名校），期末考试数学成绩 96 分。老师对此很不满意，叮嘱家长利用假期好好辅导孩子，免得下次再拖班里的后腿，因为孩子未能达到班级平均分，班里有十几个孩子满分呢。作为中学语文教研员的这位家长面对老师的“忠告”不能淡定，不敢淡定。“怎么办？让孩子进补习班？请位老师来辅导？如果是自己来辅导，该怎么做？”的确，这隔行如隔山啦！还好，她善用资源，想到身边的数学专家。梅老师给她支招：无须太在意分数，尤其不要打击孩子，不能因此而让孩子形成挫败感。但是，数学兴趣的培养却是毋庸置疑的。于是，建议她从课外阅读开始，从数学游戏开始，激发孩子对数学的兴趣，但是要尊重孩子的选择。这位家长言听计从，把孩子带到了购书中心，让孩子自行选择数学课外读物。孩子竟然喜欢上了数独，几本书买回家后，孩子一早起床，外衣还没有穿好就趴在桌上研究起来了。这是多么可喜的一幕！如果没有“高手”指点，家长能淡定吗？家长的焦虑带来的结果便是孩子陷入题海中。久而久之，难保孩子不会厌倦。兴趣是最好的老师，何况是对于刚刚入学的小学生。

有一次家长会后一位爸爸找到我，向我了解六年级孩子的升学问题。言谈中，我得知他为了让孩子能进一所“好学校”，让孩子参加了好几个辅导班，孩子很疲惫，效果很一般，自己也很苦恼。由于他孩子所在的班级和我的办公室在同一楼层，来来往往间，我对他孩子是颇为了解的。

那天，男孩经过的时候，我在办公室门前“截住”他，了解他在课外辅导班的学习情况。他的答复是课外辅导班的学习进度要比学校的提前一个星期甚至一个月，每天晚上上完辅导班，还要完成学校老师布置的作业，所以感觉很疲惫，但又没觉得自己有多大的提升。看着他显露出的“疲惫状”，我于心不忍。告诉他，凭着他的学习能力和学习态度，大可不必重复学习。如果真觉得在学校“吃不饱”，要上课外辅导班，完全可以选择对自己有所提升的培训课程。或许是因为经济的原因，或许是我的分析起了作用，他们放弃了课外辅导班，孩子似乎恢复了之前的精气神，笑容更加灿烂了。后来，孩子如愿进了家长和自己都心仪的一所初中。

不知源于何时，家长开始焦虑？不知缘于何因，家长如此焦虑？统计数据显示每年参加高考的学生人数呈递减态势，顺着这种逻辑推理，应该是大家对成功模式、对未来生活的多元化解读。那为什么家长的焦虑没有减少，反而较之以前有过之而无不及？

我曾经就此问题请教过一位教育厅的朋友，他回复说这是名校开始办民校的结果。回过头来想想，的确是呀！一是名校本身的效应带来的从众心理，二是名校的选拔机制——为择校提供了空间，三是电脑派位和对口入读中学的不尽如人意。

再想想自己，当初还算是淡定的，淡定得让当时主管教学的对口中学的王玉香副校长批评我是“不称职的家长”。我没有否认。

是我运气好，孩子在小学有老师管着。六年级华杯赛前孩子的同学家长忙得不亦乐乎，我却忙于工作而没有任何敏感性，最后一个月亏得罗老师督促，我才从孩子同学处获悉辅导机构的名称，把孩子送去辅导了四次，最后孩子居然将二等奖收入囊中。那时，同班同学的家长带着孩子周末到处去“考察”，我却岿然不动，让孩子进了对口的天河中学就读。在那儿，有责任心强的老师，还有王校长看着，我也省心了。没想到的是，初三时，孩子仅仅靠课堂上的学习竟然获得了物理竞赛市一等奖。上了高中，孩子的成绩好像乘飞机一般，从三百八十名到综合排名第一，直至获得北大青睐。其中，孩子更多是靠自己，我只是给予孩子鼓励。

如果要追索是什么让我这般淡定？我想首先是兴趣的培养，是小时候思维的开发，是良好的学习品质的养成，是积极有爱的家庭氛围。感恩孩子，让我省心！感恩孩子，让我没有像许许多多的家长那样焦虑。

只要尽力了，就是最好的结果！我会鼓励孩子，但不会给孩子力不能及的目标！如果家长们都能真正了解孩子，能正确看待成功和得失，能积极地调整自己的心态，就不会那么焦虑了！

中美家庭教育的区别何在?

最近发生的两件事，让我对家庭教育有了新的、更深的思考。一件就是《教育部关于加强家庭教育工作的指导意见》的印发，另一件就是作为市教育专家赴美教育考察的内容之一——了解美国的家庭教育。

其实，我对美国家庭教育的了解并不是一张白纸，譬如通过朋友的口口相传，通过相关书籍的阅读略微知道一些。但是，为了研究的针对性，为了拥有更为确凿的材料，我还是购买了两本书来学习。一本是旅美教育专家——十年前因为《素质教育在美国》而人气鼎沸的黄全愈先生的又一力作《望子成人——家庭教育在美国》，一本是金盾出版社出版、边佳主编的《美国家庭这样教育孩子》。

两天半的时间（周五晚上和双休日），我把两本书通读了一遍。《美国家庭这样教育孩子》分八个章节，即尊重、独立、品格、素质、自信、亲子沟通、学习、理财，每一个章节由 6～10 个案例组成，每一个案例都先呈现一个美国家庭教育实例，然后对中国父母提出教育建议。每一个建议并不是仅有干巴巴的说教，而是在对美国家庭教育实例进行分析的过程中辅以更为丰富的教育故事来佐证。

书中的八个主题与我已经掌握的美国家庭教育的特点或美国家长的教育理念并无差异，这八个方面正是美国家庭教育与中国家庭教育截然不同之处或思想交锋的地方。对于“尊重”，美国家长能够尊重孩子的隐私、尊重孩子的选择、尊重孩子的想法、尊重孩子的交友权，甚至尊重孩子的“犯错权”。而在中国家庭教育中，家长更多是扮演着“权威者”的角色，家长对孩子的掣肘较多，孩子们几乎没有自己的空间和自由选择的权利。就拿交友来说，美国家长并不阻止甚至乐意让孩子跟比自己“差”或“弱”的伙伴交朋友，中国家长则不然。碰到此类情况，家长更多的是排斥，继而强迫孩子听命于自己，其理由是对方会影响自己的孩子，所谓“近朱者赤近墨者黑”！对此，作者的建议是明白孩子为什么爱和差生交朋友，孩子交友不一定看成绩，要明白“三人行，必有我师焉”的哲理，请善待孩子的朋友。

总之，美国家庭教育能够给予孩子更多的自由，重视培养孩子自制、诚信、自信、感恩、责任意识、乐于助人等品格，善于鼓励孩子追逐梦想、学会冒险、学会与人合作、富有探索精神，具有理财意识、好奇心和观察力。美国家长还很擅长和孩子进行沟通，能够与孩子进行真正的、有效的讨论，能够耐心倾听孩子的心声，能够引导孩子摆脱消极情绪，排解烦恼。当然，最不同的是，美国家长不把孩子的学习成绩作为衡量孩子的唯一标尺，这和绝大多数成天盯着分数的中国家长大相径庭。美国家长重视孩子的兴趣，支持孩子在玩中学，注重孩子在生活中观察和思考，真正实现了“生活即教育”，更为关注的是孩子的综合素质和实践能力。中国家长限制孩子的玩耍，过度关注考试分数，几乎整天就围绕着孩子的学习说事，给予孩子的是堆积如山的作业，是东奔西跑的培训班。虽然中国家长在醒悟、在转变，在学习和借鉴科学的教育思想，开始认识到健全人格和健康个性的重要，但是，天天叨念着分数的家长依然普遍。

掩卷沉思，我想到了很多很多，昔日教育孩子的一幕幕逐一回放，昔日与家长的一场场交流历历在目，昔日听闻的一个个教育案例也相约而至。当然，思考更多的是今后如何发挥学校的主导作用，引导家长树立科学的教育观念，为孩子的成长营造一个良好的环境，促进亲子之间的有效沟通，让孩子拥有健康的身体和心理，让孩子拥有自信的个性和勇于担当的品格。

在黄全愈先生的《望子成人——家庭教育在美国》一书中，“作者以一位教育学家谨慎的态度，用一位父亲温和的眼光审视中美家庭的异同，用生动、风趣的叙述，向我们展示了原汁原味的美国家教，并提出了许多难能可贵的建议：如何为你的孩子设立正确的目标？如何批评与表扬孩子……”这是文中的一段话，因为认同，所以我“借用”过来。

《望子成人——家庭教育在美国》叙述的内容与《美国家庭这样教育孩子》自然相差甚远。黄先生大多援引孩子的实例或熟知的朋友孩子的实例，分析和阐述的理论视角不尽相同。但两书的共同点是，每一个章节和主题之后都有给家长留下建议。

黄先生一语道破中美家庭教育的区别：“中美家庭教育的一个最大区别，就是美国的家庭教育更注重如何把自己的孩子培养成现实生活的成功者、获胜者，而不是一个虚幻的‘天才’。”（2010）

“孩子的潜能没有发挥出来，孩子的个性不健全、人格不完善，孩子的素质被扭曲，孩子就是一个‘失败者’！反之，孩子的潜能充分发挥出来，孩子有健康的个性、健全的人格，孩子应有的素质得以全面培养，孩子能以自己最强的姿态屹立在社会现实中，孩子就是一个‘获胜者’。”

随着黄先生的阐述，我们感受到优秀的美国家长对培养孩子的“走心”，就是让孩子意识不到教育已经发生，但确实已经发生。家长们扮演着“守望者”的角色，用守望的心境和行为培养一个独立的、社会的“人”！他们重视孩子的兴趣、重视孩子的独立精神、重视孩子的创造性思维、重视孩子的善良和宽容、重视孩子的批判精神……在黄先生笔下，美国家长同样具有舍我其谁的牺牲精神，同样会惩罚孩子，同样能和孩子共同进退……但是，其方式和方法却截然不同。

是呀，只要我们关注的是孩子的综合素养，关注的是健康的个性和健全的人格，并且能够激发孩子的潜能，孩子焉能不成功？孩子岂能不快乐？这不就应了我的享受教育、守望成长、体验成功之论。

不论是边佳还是黄全愈，著书立说的意图都在于让我们学习与借鉴美国家庭教育的长处。美国的教育，包括家庭教育必定存有一定的问题，需要我们去批判。但是，我们此时的目的在于学习他人的长处。“他山之石，可以攻玉”，何乐而不“攻玉”？

学而思之罪？

庆幸，那晚因为和家长们一起学习正面管教而没有成为学而思的“帮凶”，被不由自主地绑架了一回。看到被邀请在朋友圈点赞的信息时，已是第二日的中午，而这时，学而思的点赞活动已被叫停。信息时代，瞬息万变，短短的几个小时，我就被抛在好几座山的后面了。

可是，回头来看，假如那天我有足够的时间关注微信，我会跻身于点赞的大军中吗？答案是肯定的。一者，不假思索、动动手指就能为亲朋好友获得优惠，何乐而不为？二者，谁知道会激起八级地震，引发如此轩然大波？或许，商家正是抓住了小老百姓的简单心理，抓住了家长的焦灼心理，策划了一种宏大的吸金术，势将瞻前顾后的家长们紧紧套牢。

学而思的品质有多高？学而思的质量有多好？

据说，学而思一位难求；据说，连幼儿园孩子的家长都在排队拿号了；据说，孩子们以能跻身于学而思的大军中而倍觉身价大增，骄傲地嗤笑所有的“杂牌军”；据说，学而思的确有强大的研究团队探寻了妙招，能立竿见影，让孩子们在短期内提高分数，给家长和孩子们带来成就感。

点赞过后，一片哗然。教育，又一次赤裸裸地被摆在了大众面前。

我询问过一位优秀孩子的妈妈，她妈妈说：“看到别人补课，自己的孩子不补，心里总有一种担心孩子因此而落后的感觉。于是，也扛不住了。”

家长王女士说：“不是我要让孩子去学的，而是她哭着喊着要学，因为同学们都去了，不去会被孤立的。”其实，不少机构便是如此抓住家长的心理，打出了广告语：“你不来，你的同学都在。”

有的孩子说：“别的同学那么优秀都参加了课外辅导班，更何况我们这些小学渣。”

有的孩子说：“我不想参加，都是爸爸妈妈让我参加的。”

有的孩子说：“还行吧，不过的确可以提高成绩。看到成绩提高了，也觉得有必要了。”

有的孩子说：“我语文、数学、英语都补。”

有的孩子说：“我只补习英语。”

家长追逐辅导机构始于何时？一位曾经的教育厅领导告诉我是名校民办之后，由于许多孩子不能到心仪的所谓的重点学校入读，于是就有了择校，就有了名校民办的选择，有选择就有竞争。仅仅靠小学书本上的那点儿东西怎么能看到优势？于是，辅导机构应运而生，迎合了家长和孩子择校的需求。

身为一位教育工作者，看着孩子们潮水般涌进辅导机构，心里不由五味杂陈；看着家长们对辅导机构趋之若鹜，不免唏嘘。其中，有对孩子的同情和担忧，有对学校教育的无奈和反思，有对家长焦虑、盲目的无助和恐惧，说恐惧一点也没有夸大其词的意思。

首先，是对孩子未来的担忧。孩子们置身于分数至上的时代，必然要牺牲很多本应该属于他们的东西，而这些缺失的东西将来由谁补给他们？学习绝对不是狭隘的学科学习，绝对不是单纯地为了分数。其次，辅导机构对学校教育造成了巨大的冲击，长此下去，学校教育秩序势必受到干扰。面对提前学习的、差距悬殊的孩子，如何教学？许多辅导机构都是超前学习，孩子们课前对课本内容都已经了然于胸了，还有学习的必要吗？学校的课堂学习还有吸引力吗？无怪乎，初中的老师纷纷摇头叹气：现在的孩子眼里已经没有光亮了！最后，对于家长而言，听命于自己的安排或迫于从众的选择到底让孩子学会了什么呢？提前学习或进入名校的孩子除了眼下让自己脸上有光，未来到底能给自己和他人带来什么呢？

我不得不述说这个真实的、沉痛的故事：2012 年秋季开学后，便听闻一位北大数学系的新生在宿舍用皮带结束了自己的生命。天之骄子，寄托了父母多少期望！可是，由于进入大学，完全是另外一种管理模式和学习方式，学业上碰到困难便束手无策，自信心大受打击而又不能寻求帮助，只能一有事情就打电话给家长，此时家长也是鞭长莫及。假如这个孩子有一个乐观的心态，假如这个孩子能接受自己的不完美，假如这个孩子碰到困难能向身边的老师或同学倾诉、求助，那这个沉痛的故事就不会发生。……孤傲、无助、焦躁让孩子绝望！能考入北大，而且进到数学系，必定是当地的学霸，必定有熠熠生辉的过去，可是当曾经的光环不复存在时就如此轻易地结束了自己本该灿烂绽放的生命！怎不让人痛心！揪心！

网上一位家长说道："希望家长们内心真的要懂得，不管你给孩子报多少个课外班，孩子学到的都只是知识技能。而良好的习惯、思维模式、抗挫折能力、内心的信念，才是为小孩保驾护航一辈子的良师！如果不能从课外班的学习过程中提炼出对品德、意志力、价值观等有意义的教育观点来进行自我升华，那终究只是苦了孩子，累了家长。"

对于课后补习，曾任华师附中校长的朱子平表示，从长远来看，不建议学生参加这一类补习。过多的课外补习一定会对孩子产生一些意想不到的影响，可能会导致满盘皆输的后果。"我建议家长对补课不必太过紧张，避免适得其反。应该更多地听从学校和老师的指引，把注意力放在促进孩子全面发展和适应未来社会需要这个根本标准上来。"

这学期的第一次家长会，我便针对课后补习阐述了自己的意见，有理有据，振振有词，最后那句"孩子健全人格的培养比分数的获得要重要得多"广为流传。但，或者是人微言轻，或者是家长认为我在痴人说梦，或者是我高估了家长们抵制挟裹的力量，补习的汹涌之势并没有得以改观。

人生是长跑，教育是农业……

回过头来，对辅导机构趋之若鹜的状况，孩子们疲于奔波的身影，课堂上失去神采的双眸……难道不可以改变吗？

既然原因已经了然，为什么还没有行动呢？何时才有行动呢？

为孩子们忧，为家长们忧，为教育的未来忧！

附：

2017 年 4 月 25 日晚，学而思发布消息“截至 2017 年 4 月 26 日零时，在朋友圈分享图片，积赞 68 个，就能获得学而思 100 元报班代金券；积赞 168 个，就能获得学而思 500 元报班代金券”。于是，家长们纷纷行动起来了！一时间，整个朋友圈都被学而思攻陷了！

埋怨孩子不如反思自己

——面对青春期的孩子

几乎每一位父母都曾为孩子的不良行为烦恼过，有的父母是劈头盖脸的一顿打骂，有的父母唯有无奈地摇头叹息，有的父母视而不见听之任之，有的父母则能因势利导扭转乾坤。

孩子读初二的时候，进入了叛逆期，正确的说法是进入了青春期，叛逆的特点日渐显露，不再像过去那样接受父母的意见。最让我们忍受不了的是孩子头发长了不愿理，还修剪成我们看不惯的“怪异”发型，跟过去我们在街上侧目而视的“小混混”差不多；而且每天出门前都要对镜梳妆，在头发上抹上摩丝或发蜡，甚至还将它们放在书包里，那不明摆着在学校随时都要关注自己的头发，整理自己的头发，那要花多少的心思呀！我们规劝过若干次，可是每次都仿若微风拂过，没有掀起丝毫的涟漪，我又急又无奈。他爸可耐不住了，义正词严地指责儿子的行为。有一次因为言辞过激，情绪过火，竟然用手指着儿子；儿子并不示弱，剑拔弩张地还击。他爸火了，一个巴掌就要过去；儿子眼疾手快，一挡就挡住了。我赶紧将他爸拉开，教育了儿子几句，现在想来似乎是一些尊重父母之类的话。

儿子跟我小时候很像，是个不记仇的人。当然，父母和孩子之间是没有隔夜仇的，但是他爸一时间还是很难理解儿子。我对他爸说：“我们一定要冷静地、理智地控制自己的情绪。现在，你身体强壮，你比他高大，你可以用武力征服他，但是我们驾驭不了他的心。况且，再过几年他长大了，比你强壮、比你高大，你能征服他?”接着我跟他爸讲了几个案例，一个是某教授的儿子将父母全部杀害的惨案，另一个是一个初中生在上学之前竟然走进父母的卧室将一杯开水泼向了正在做梦的父亲。这两个案例中的父亲都是采取了极端的教育方式，用指责、打骂、侮辱人格的方式来对待孩子，导致孩子充满仇恨、人格扭曲，最终酿成惨剧。孩子犯下了不可饶恕的罪过，可是罪魁祸首又是谁呢？尽管这两个案例均是个案，但是社会上因为不正确的家庭教育而导致的惨剧又有多少呀？

做父亲的感到迷茫，儿子怎么会这样不服管教？是呀，孩子怎么会这样？这是我们首先应该分析的问题。我相信“人之初，性本善”，孩子小时候一直都是极可爱的，我们也很尊重他的自主性，家庭氛围温馨而幸福，怎么一下子似乎变成了陌生人，这让我们难以接受！但是，无论如何，孩子就是孩子，他还只有十三岁，他的一切行为导致的结果难道不该由我们来承担吗？所以，我们对此责无旁贷，我们要反思自己的教育在哪里出现了问题。后来，我们调整了心态，主动且轻松地与孩子沟通，向老师了解孩子和他的同伴的情况，在双休日和孩子一起到学校去打球或一起外出旅游，调适轻松愉快的家庭氛围……孩子除了头发的问题，其他没有任何异样。这一段时光就这样有惊无险地过去了。那一段时间，我们真是惆怅无比、紧张无比。还好一切都雨过天晴！

青春期是孩子的“心理断乳期”，也是父母成长的关键期。作为父母除了要了解孩子生理上的变化，一定要了解青春期孩子的心理变化：

(1) 自我意识在这一时期出现了质的变化。青春期的孩子对于“自我”的体验和感受前所未有的清晰。如果说，儿童对自己的认识和评价基本是服从成人意见的，那么，青春期的孩子则完全不同了。他们对自己产生了强烈的兴趣，热衷于思考自己的优点、特点等，显得十分“自恋”；同时，又经常夸大自己的缺陷，因认为自己不够“完美”而沮丧。

(2) 独立性增强。进入青春期的孩子总是希望得到他人的承认和尊重，希望摆脱成人的约束，渴望独立。

(3) 感情变化非常显著。他们既“多愁善感”又“喜怒无常”，这常常令我们家长手足无措。感情的多变与感情的深化是共同发生的，在这一时期孩子们已经开始产生和感受到许多细腻复杂的感情。

(4) 开始关注同龄人之间的交往。同龄人之间的关系是这一时期生活中十分重要的内容。任何一个青春期的孩子都不可能脱离同龄人的影响，总是将彼此之间的交往与认可看得极为重要。

有了了解才有理解，我们看似反常的表现却是孩子成长过程中的必然经历。如果任何时刻都是风平浪静的，缺失了该年龄阶段应有的特征，那也未必是一件幸事。庆幸我们曾经“惊心动魄”的心路历程，庆幸我们终究感受到了孩子的心，读懂了孩子的行为。孩子的教育和引导需要父母的包容和理解，更需要父母的智慧和艺术。

因此，不论是在青春期还是在任何时候，当孩子出现你认为不可思议的行为或想法时，你一定要冷静地想想，为什么会这样？解决问题的最佳方案是什么？

很多家长对孩子的行为习惯感到苦恼，譬如孩子做作业拖沓，注意力不集中，吃饭拖拖拉拉，测试的时候总是因为粗心而漏洞百出，在家里爱发脾气……其实，解铃还须系铃人。我相信，只要家长用心观察、揣摩，并采取相应的干预措施，总会找到解决问题的办法。

寻找榜样并成为他人的榜样

在孩子的成长过程中，我们几乎都会为孩子选择一个效仿的对象，让这个对象成为孩子的榜样，让孩子有一个追求的偶像、目标，以此来激励孩子。需要注意的是，这个榜样最好是熟悉的，例如孩子所在学校的学长或同学；给孩子提供榜样的具体案例，例如他在学习上的具体事件或他说的一些言语；对榜样的肯定和溢美之词要恰如其分，也就是选择的事例要让孩子觉得既肃然起敬又亲切可行；在讲述榜样的事迹时要用充满欣赏的语言，但不能和孩子做比较，例如，不能说：你看人家如何如何，哪像你这样！而应该说：他能做到，相信你也可以！否则，只会适得其反。另外，家长应争取创造机会让孩子认识榜样并与榜样进行交流。

初中的时候，孩子的榜样是天河中学蔡副校长的儿子，他以学校前三名的成绩进入华附，以华附第一名的成绩进入香港科技大学。高中的时候，孩子多了另外一个榜样——蔡老师的女儿，高中她就读于华附，华南理工大学毕业后考入美国威斯康星大学硕博连读。另外，从儿子的作文中我获悉华附的好几位同学都是他钦佩、羡慕的榜样，这是一种鼓舞的力量！

成为别人心目中的榜样，更是一种激励孩子不断奋发、永不停步的力量。

孩子高二以后，成绩有了180度的逆转，成为普通班一匹强劲的“黑马”，他的经验成为华附的“励志”教材，他本人也成了众人瞩目的焦点人物。班主任张老师曾告诉我们，有一个兄弟班的同学特意跑到办公室，好奇地问她：“曾一航是怎么学习的?”

他享受着成功带来的自信和来自同学尤其是班里同学崇拜的目光，他首先成为班里同学的榜样。榜样的身份激励他调整自己的学习节奏，激励他寻找保持学习节奏的方法。不仅如此，榜样的力量还使他善于分享，带动全班同学共同追求学习、生活的更高境界。

当然，他也成为我身边的同事或朋友的榜样。他的成功让我的一个朋友也认定了华附，最终她的孩子如愿进入了华附。两个男孩相差不大，作为家长的我们每逢寒暑假都制造机会让他们哥俩见面，一起打球，一块吃饭、聊天。在QQ上，作为哥哥的他对弟弟的学习不吝指导。据朋友说，刚进华附的时候，孩子的成绩几乎排在年级的后面，但是一年下来，取得了令人欣喜的进步，数学和物理几乎每一次考试都领跑全班。我及时地向孩子转达这些信息，即使是在电话中也可以感受到孩子那种欣然和膨胀的成就感。

同事的孩子对“一航哥哥”自然是佩服至极；小周的女儿更是崇拜有加，“一航哥哥”是她最亲近的榜样，是她最清晰的标杆。一航在处理自己的书籍的时候，特意将竞赛类的资料挑出来交给我，说：“这些资料就给胡心怡（小周的女儿）吧，其他人都不适合。”这句话对心怡一定是鞭策！当我听到心怡优秀的表现时，我会不失时机滴水不漏地传达给儿子。不言而喻，他是别的孩子心目中的榜样，这一点一定要让他清楚！别人因你而更加出色，你不可黯然失色！

华附的孩子自有华附的神韵，孩子以华附为荣，我以孩子为荣。当朋友听闻孩子在华附读书时都会告诉身边的小朋友：“这个哥哥好棒！”要不就是“华附的孩子就是不一样！”所有的这些汇集成一股力量，所有的力量凝聚成榜样，激励孩子做好自己。

因此，为孩子树立榜样，也让孩子成为别人的榜样。你在桥上看风景，看风景的人在桥下看你！

引导孩子正确归因

归因理论认为，归因是对他人或自己行为的原因所做的解释和推测过程。据心理学家的研究，每个人的行为都是有原因的，行为的原因既可能来自外部环境，也可能来自内部主观因素。如果将行为的原因判断为外界力量，就是外部归因；如果判断为自身的因素，则为内部归因。人们习惯于将行为成败归因于个人的能力、努力程度、任务难度、机遇、他人帮助和情绪等因素，能力、努力程度、情绪属内部因素，任务难度、他人帮助和机遇属外部因素。如果从稳定性维度看，日常的努力、先天的能力、他人帮助与任务难度属于稳定的因素，随知识的增长而增强的能力、情绪、努力程度与机遇属于不稳定因素。如果从可控维度看，先天的能力、任务难度和机遇属于个人无法控制的因素，努力程度、随知识的增长而增强的能力与他人帮助是个体能够控制的因素。

将成功归因为内部因素会产生自豪感，强化动机；而将失败归因为内部因素则会导致自卑。将失败归因为任务难度等稳定的因素，会导致遭遇到同样的失败；而归因于运气和情绪等不稳定的因素，会导致成败行为的变化。将成功归因于可控因素会体验到满意，归因于不可控因素则会产生幸运与感激。将失败归因于不可控因素会产生羞辱感或负罪感，归因于可控因素则会产生愤怒。长期将成功归因于能力，将形成良好的自我效能感，而已经形成的自我效能感又反过来影响对以后成败的归因。

高中伊始，孩子逐渐感受到周围的同学都是“牛蛙”，自己则是“井底之蛙”，或多或少地有了些许自卑感，尤其是面对自己上学以来从未有过的排名。当然，他的这种“自知之明”并非来自他的谦虚、并非来自他对家长的坦然直白，而是作为母亲的我从孩子的神情、说话的语气中感受到的。孩子理所当然的解释、孩子隐隐的失落让我感到不安。诚然，华附的孩子都是来自全市，乃至全省的佼佼者，天性禀赋异常者有之，但是，更多的是和孩子相差无几的平常人。而且，刚上高中的孩子毕竟比同学还小两岁，对高中生活似乎还不适应。孩子缺乏适度的学习动机，学习努力程度不够，尤其是对待文科较为随意，旨在应付。但我相信，孩子在调整，他并不甘就此落后，只不过他感到迷茫、感到来自同学的压力。兴趣使然，当时孩子的数学成绩在班里一直名列前茅，这就是星星之火，星星之火可以燎原！“教育的真正目的在于激励、鼓舞和唤醒。”我们一起分析，对失败进行归因，并认为导致失败的因素主要来自自身。既然这样，我们得出结论、提出口号：“一切皆有可能！”当然还有曾提及过的名言警句“成功等于百分之九十九的汗水加百分之一的努力”“成功＝目标×勤奋×方法”……孩子一次一次在进步，每一次进步都是对前面归因的验证。

随着一次次成功的体验，孩子对自己的能力更加自信了，也更加确定学习效率很大程度上取决于学习方法。后来孩子高二上学期进入年级前十一名，高三保持在全年级前十名，他肯定了自己的能力、努力程度、学习方法，以及老师的帮助，还不忘说：“这次我考得好，是因为别的同学没有发挥好。”言下之意，自己考得好也有机遇的成分，所以仍然需要努力。在成功的时候，他能保持平和的心态、如常的热情（情绪），既能将成功归因为自己能力与方法的改进，形成良好的自我效能感；又能归因于不可控因素，产生幸运与感激。一次又一次自我的反思，成功也罢、失败也好，孩子在调整中找到适合自己的目标，乘着东风，顺势而上。

学习动机与焦虑水平

1908 年，心理学家叶克斯和道森通过研究，提出著名的叶克斯—道森定律。在一般情况下，学习难度是中等的时候，学习动机与学习效果之间呈倒 U 形的关系，即学习动机微弱或过于强烈都不利于学习，只有当学习动机的强度适中时才会取得最理想的学习效果。可是当学习难度变化时，两者的关系也会发生变化。学习难度很小，学习动机必须十分强烈才能取得好的学习结果；学习难度很大，适当降低学习动机的强度才能促进学习。

心理学家通常将焦虑分成三种水平：一是焦虑过低，二是焦虑适中，三是焦虑过度。一般而言，适中的焦虑能够使学生维持一定的唤醒水平并产生完成任务的心向，最能激发学生的学习动机。而焦虑过低或过度都不利于激发学习动机，特别是对复杂的、新颖的以及需要付出心智努力的任务更是如此。焦虑水平对学习动机的影响，也取决于学生的学习能力。在通常情况下，中等程度的焦虑有助于学习能力中等的学生激发学习动机，提高学习效率；高焦虑与高能力的结合也有助于激发学习动机；而高焦虑与低能力的结合则容易降低学习动机，影响学习效率。

作为家长的我们总是希望孩子的学习动机保持适当的强度。其实，很多家长都有这样的体会，当孩子对学习无所谓——学习动机过低时，家长会督促孩子努力学习；当孩子过于紧张——学习动机过高时，家长也不由得劝说孩子要劳逸结合，适时放松。就像放风筝，线太松了要紧一紧；线太紧了，要放一放，需要不停地调整，掌握它飞的高度和飞的方向。

刚上高中的孩子，或许还没有找到方向，毕竟他比班上的同学的平均年龄要小两岁左右，与他同龄的孩子好多还在读初二呢。再加上他觉得高中三年才刚刚开始，有的是时间去准备、去奔跑。期中考试后，回眸一看周围的同学已经将自己远远地甩在了后面，不由诧异，不由紧张，还萌生出一种望尘莫及的感觉。我心里也一度降温，看到他信心不足的样子，我安慰他、鼓励他，和他一起分析原因，让他意识到自己努力程度不够和学习方法不对是成绩落后的首要因素。我认为只要有进步，便能成为他的学习动机。

第一次是几十名的进步，第二次、第三次是几乎一百名的进步，他感受到了自己的能力在提高，他看到了自己能够与心目中的卓越比肩继踵，动机水平慢慢地攀升。高二进入创新班成为他的目标。但是，由于第一学期的排名太靠后，他终究与自己心目中的创新班再一次擦肩而过。

不知他心里的感受如何，但失望肯定是有的，我对他说：“任何事物都具有两面性，塞翁失马焉知非福。进了创新班，周边都是顶尖高手，你就是‘凤尾’，会陷入一种无形的、巨大的压力中。在普通班，你一定是普通班的佼佼者，你是老师为同学树立的一个榜样。同时，你可以将创新班的同学作为你的目标。不识庐山真面目，只缘身在此山中。跳出庐山看庐山，才能看得真切。退一步，是为了进两步。”是没有进入创新班对他的刺激？是对自我价值的验证？是我的循循善诱？是学校和老师的理想教育？是榜样的激励作用？他的学习动机到了高二上学期是如此的强烈，他放弃了打球，缩短了睡眠时间，连吃饭、洗澡都是跑步去的，说他争分夺秒、废寝忘食、见缝插针都不为过。高水平的动机实现了高难度的目标！此后，他的动机水平一直处于一种高亢而稳定的状态，没有了前两个月早上四点起床学习的狠劲。正如张老师所说，孩子的节奏把握得很好，已经进入了一种享受学习的状态。

高三的时候，孩子的成绩已经很稳定了，自主招生握住的20分让孩子胸有成竹、如虎添翼。苏老师一直跟踪他物色的“门生”，似乎看穿了孩子欲证明自己的实力——裸分上北大！多次在电话中关切地提醒孩子要放松心情，不要过于追求裸分上北大。作为父母的我们，绝对相信孩子的实力，只要发挥正常，他完全能做到，所以不存在对自我过高的期望。最后阶段，水平不是问题，关键在于心态、在于心理水平。每天坚持跑步、课间放松、计划合理、实力雄厚、信念坚定、兴趣积极、方法有效、性格开朗是孩子保持持续的动机水平和适度的兴奋状态的前提。

临近高考，每次回家我都观察他的状态，时不时地与他谈起如何控制自己的动机水平，与他一起了解焦虑水平对考试成绩的影响，让他具有自我调控的意识，不紧张也不松弛，保持适度的焦虑水平。最后关头，一方面给予他信心：只要做好准备，必将水到渠成；另一方面给他减压，降低动机水平。因此，面对高考，他既信心百倍又不忘乎所以，最终实现理想，如愿以偿。

一个离家出走的孩子

周五下午的会议结束得早，我赶回学校处理了一些事务后，正好五点。我拨通了二楼办公室的电话，接电话的正是我要找的凤老师，我说：“我们现在去孙小安家里看看他吧。”凤老师没想到是我，她的嗓音立马高了六度：“他妈妈刚打电话过来，说是要请我吃饭，感谢我。我拒绝了。”真巧！得知她和孩子都在家，我们决定还是去看看。我一再叮嘱凤老师，不要提前告诉对方，以免家长做准备。

孙小安是凤老师班里的学生，多次离家出走，最后要么是自己回家，要么是被安保人员送回家。这次孙小安又离家出走了，我和凤老师关切询问时，他妈妈反而安慰我们不要着急。第二天下午，他妈妈终究待不住了，到派出所报了警，查看了附近所有的录像。谁知，有一段路正好在换系统，信号中断了，妈妈的心情可想而知。当天下午，凤老师陪着家长把附近凡是孩子可能去的地方都找遍了，包括超市、网吧、大商场……第四天一早，我的手机显示有一条未读信息，原来是凤老师告诉我孩子找到了。我彻底地舒了一口气，压在我心头的石头终于可以放下了！据悉，孩子是深夜一点左右被警察发现的，当时他已经饿得浑身乏力，倚靠在国防大厦后的柱子旁，警察给他买了一碗粥，吃下去后就在警察的陪同下走回了家。

这个孩子我认识，虽然不算很阳光，但也懂礼貌，每次见到我都敬队礼问好。他并没有给我留下不良印象。只记得他上次离家出走回来后我曾经与他交流过，希望他不再发生类似的事情。

这次为什么重蹈覆辙？是和同学产生了矛盾？是被老师责罚过？都没有，从监控录像可以看出，孩子是开心地离开学校的，是快乐地在外面玩耍的，但就是不回家。

经询问，原来孩子有一个严厉乃至暴力的父亲。老师告诉我，他爸爸从来不到学校开家长会，老师只好约见爸爸，当着孩子的面交流。在谈到孩子的问题时，爸爸竟然抓起旁边的雨伞用力地朝孩子挥去，结果雨伞坏了，爸爸重新买了一把给老师。还有一次，凤老师发现孩子脸上有受伤的痕迹，便询问孩子原因，孩子告诉老师是骑自行车摔的。老师看着不像，再三询问，孩子才透露是爸爸打的。一个问题孩子必定有一个问题家长，这话不假。

我和凤老师走到校门口，正准备上车。凤老师突然告诉我："我看见她妈妈了。"原来他们一家都在校门口，要"截住"凤老师，一是向凤老师亲自道谢，二是要请凤老师吃饭。我走到他们面前，把一家四口（孙小安有个四岁的妹妹）请进了校园。我悄悄地将孙小安拉到面前，抚着他的肩，轻声问他不敢回家的原因。果然他是害怕爸爸打他。

我们在综合电教室里面对面坐着。我打量着孙小安，他显得有些难为情。他们开始听我说，我对孙小安强调了学校师生对他的关心，强调了爸爸、妈妈对他的爱，尤其描述了他离家出走的这几天里爸爸和妈妈所做的一切。告诉他，在这个世界上，父母是最疼爱自己的人，尽管平时也打孩子，但是，从灵魂深处、从骨髓根部，都饱含着对孩子的挚爱。孩子噙着眼泪，不住地点头。看看旁边的家长，泪光盈盈。

继而，我将视线投向了孩子的家长。尽管在孩子面前，但我并不掩饰对家长的批评：虽然孩子有错，但是家长不应该用粗暴简单的方法对待他，这样不仅不能解决问题，还将孩子推得更远。家长的拳头和巴掌只能让孩子产生恐惧和逃离，怎么可能使其体会到父母的良苦用心呢？十一岁的孩子，需要正面的引导和鼓励，需要亲情的温暖和陪伴。所以，当孩子出现问题的时候，首先要分析导致问题的原因是什么？如何进行引导？这个问题是否关乎品质或者原则性？很多孩子都是在错误中明辨是非、成长、成熟的。现在早已不是棍棒下面出孝子的时代了……爸爸和妈妈听着，点着头。我相信这次的出走事件对爸爸——这个七尺男儿来说是一个重要的教训，他表示自己在教育孩子的问题上方法欠妥，今后再也不会用恐吓和打骂来对待孩子。

凤老师告诉孩子，班里的同学都很关心他，中午回家吃饭的同学利用放学的时间去他常去的地方找他，下午放学后几个同学带着凤老师在周围寻觅他的踪迹。同学们的爸爸妈妈也很热心，不断地提供信息和建议，一直关心着他。

凤老师还表扬了孩子，通过监控视频，看到他在书店看书，看到他买了零食后能将包装袋扔进垃圾桶。最后钱花光了，宁愿饿着、渴着也没有去做不该做的事情……爸爸、妈妈听到这一段后也会为孩子高兴吧。据说，妈妈曾经在老师面前数落儿子，说得孩子一无是处。

爸爸和妈妈都很感动，小妹妹懂事地坐在哥哥身边看着哥哥，亲昵地挨着哥哥。这一幕告诉我们，孩子还有一个很大的优点：懂得疼爱妹妹。看着哥哥在凤老师的提议下向爸爸妈妈道歉，妹妹侧过小脸告诉我们："爸爸妈妈已经向哥哥道歉了。"我不由欣慰！

从凤老师的介绍中，我了解到孩子的爸爸其实是很优秀的，烟台大学化工专业毕业，现在从事的却是 IT 行业，周一至周五都在香港上班，周末才回到广州。可能平时压力大，一回家听到孩子妈妈对孩子的数落便气不打一处来，对着孩子就是两个巴掌。

明后天就是双休日，希望一家四口能好好地开展一些亲子活动，修复血浓于水的亲情，为孩子的心灵疗伤。

临走时，他们一再道谢，邀请我们一起出去吃饭，我们谢绝了。就把时间和空间留给这一家四口吧。

当孩子出现问题的时候，家长最该做的是用理智来管理自己的情绪，反思自己的教育方法。

怎样看待“学霸”热

不知是巧合还是媒体的风向，前段时间“学霸”的报道频频见诸报端，于是，“学霸”成了人们茶余饭后津津乐道的话题。其中有褒有贬，有羡慕有不屑，可谓众说纷纭，各抒己见。

作为常为家长带来鲜活理念，为家长拨云见日的《孩子》杂志，自是不能坐视不理、不闻不问，而必须担负起高度的责任，传递出自己的声音。

于是，编辑也将“话筒”递给了我。

第一个问题是：学校在宣传优秀学生的时候，需要注意什么？（有些家长反映，学校出了优秀学生就大肆宣传，我也把孩子送到学校来，为什么我的孩子就不优秀呢?）

说实话，我并没有过多地关注过“学霸”，尽管“学霸”是时下一个热点话题。因为在我们学校，固然有对优秀学生进行宣传，甚至也会对学习优秀的所谓的“学霸”进行宣传，但是，不仅仅于此。优秀学生的内涵很丰富，我们更为注重的是健康的身心、优秀的品质、良好的行为习惯。加德纳的多元智能理论对很多家长来说都不陌生，简单地说就是每个人的禀赋是不一样的，有的擅长数理逻辑，有的具备体育特长……每个人都有可能成为某个领域的佼佼者。当然，前提是拥有健全的人格。因此，我们在表扬和宣传优秀学生的时候，不能光看成绩。优秀学生固然值得宣传，但应该注意的是要适可而止、实事求是，不能为了吸引眼球获取新闻效应而大肆渲染，让孩子成为围观的焦点，这会影响孩子的未来发展。

有的家长反映，学校出了优秀学生就大肆宣传，我也把孩子送到学校来，为什么我的孩子就不优秀呢？这反映了家长的心理，有羡慕也有遗憾，甚至不乏揶揄、指责。其实，优秀学生的成长是多方面的因素造就的，其中家庭教育发挥了主要作用。当家长把羡慕的眼光投向别人家的孩子时，更多的是思考：别人家的父母付出了多少？别人家的父母是如何教育孩子的？当然家长也可以自我安慰：人生不是短跑，而是长跑，大肆宣传的孩子将来未必大有作为，默默无闻的也未必不能做出一番大事业！

第二个问题是：你觉得学生应该怎样向身边的“学霸”学习呢？

我认为应该自然地对待“学霸”现象，因为勤奋学习是我们中华民族的优良传统，作为学生本该如此。只不过现在很多学校学习风气不良，因此“学霸”们的行为显得“突兀”，才引起强烈的关注和媒体热议。

当然，榜样的树立是应该的，但，是否凡是“学霸”都值得我们去推崇、效仿甚至膜拜呢？“学霸”的类型各有不同，有的完全是“两耳不闻窗外事”的书呆子，有的则是科学地安排时间，娱乐、锻炼、学习皆不误；有的是高分低能，存在人格缺陷；有的则优分高能、品学兼优。

面对“学霸”，我们应该引导孩子正确地看待。孩子们要学习的是“学霸”顽强的毅力、对知识本身的追求和热爱、良好的学习习惯、热情助人的品质（如韩衍隽于期末考试前，在班里开了一个学习班，辅导同学功课）……而不是读死书，盲目地获得一个好分数。

我还想说的是，作为学校，作为教师，作为家长，首先应该清楚，学习是学生的职责所在，努力学习是天经地义的事情。但，前提是激发和保持孩子的学习兴趣，形成良好的学习风气，而不是一味地牺牲和放弃人生的美好和生活的乐趣。读死书、死读书，单纯地追求成绩，这是一件痛苦的事情。即使得到了高分，也不免昙花一现，缺乏张力。接着，要明确教育的目的是什么。教育的目的不就是让孩子未来的生活更加美好吗？因此，我们要让孩子储备的不仅是成绩，还有健康的身心、健全的人格，以及各种实践能力和综合素养，当然核心还是孩子善良的品行。我们应该秉承老祖宗有教无类的思想，用博大的胸怀接纳每一个孩子，尊重每一个孩子，守望每一个孩子，让每一个孩子都能获得成功的体验，让每一个孩子都在我们的视野中享受教育的美好。

对韩衍隽及“学霸”寝室的4个男生的宣传，我认为反映了一种正能量，因为他们都不是“书呆子”。“学霸”热未必不是一件好事，它已经引发了我们更多的思考。

马老师的难题

马老师是一位“80后”的女教师，也是一位六岁孩子的妈妈。她积极热情，充满活力，教一年级的她深受家长的支持和孩子们的欢迎。她的班在她和家长们的共同经营下充满着温馨而浓郁的氛围。

犹记得上学期放假那天，平静的学校工作群突然热闹了起来，原来是有老师发来了几张热闹的照片。照片里是家长和孩子们在一起包饺子、煮饺子的情形，热气腾腾的蒸汽和雾气依稀可见，袅娜地散在家长和孩子们的笑声中。

这一幕让我想起了另一个画面，画面上是一个由气球装扮成的拱门，拱门旁竖立着一块写着商品价格的牌子，牌子旁站着两个可爱的孩子。这两个孩子我认识，都是马老师班里的。可想而知，装饰着气球的拱门、拱门后琳琅满目的商品和精美的招揽顾客的价格牌都是家长的杰作。

此时，我又想起了上学期的运动会，马老师班里的家长志愿者和孩子们都穿着同样款式和颜色的衣服（班服）。拔河比赛时，家长们纷纷出谋划策、运兵布阵，投入而紧张地为孩子们摇旗呐喊，那情形让人感觉他们真是恨不得拽住绳子亲自出马……

可是，今天马老师碰到难题了。“郑校，请问您现在有空吧？有个难题需要请教您。”马老师在电话里描述着她的难题：班里有十几个孩子的家长策划排练了一个节目，准备参加学校的艺术节展演。其中几位家长除了花时间排练，还自行制作了舞台背景和道具。彩排当天，有一位家长还买了冰淇淋慰劳家长和孩子们。没有参与的家长得知后，主动在QQ群里提出要分担费用。可是，参与的那几位家长都认为没有必要，因为是他们商定的，没有征求大家的意见。一边要给，另一边坚持说等以后还有机会再AA，这次就算了。最终意见没有达成一致，就找班主任马老师来断“家务事”。

马老师就这样“背上了一只猴子”，自己夹在中间左右为难。她想把“猴子”放下来，但不知该支持甲方还是乙方，于是，向我求助。马老师把“背上猴子”的原因告诉了我，希望我能帮她把“猴子”放下来或让“猴子”自己下来。

其实我是为马老师高兴的，甲方、乙方都很大方，一方热心承担排练、背景设计、购买材料、制作道具，不但毫无怨言而且乐此不疲；另一方心存感恩，觉得自己没有帮上忙，必须在其他方面予以补偿，至少是承担应该承担的。可是，如果大家都坚持自己的意见，最后让马老师来当裁判，马老师该如何判呢？

显然，马老师不希望实行AA制，当然，也要让对方心理平衡。马老师是一位心直口快、率真大方的人，或许会偏向其中一方的提议（如果是我，我也会这么说）：这次就算了，下次有机会大家再“集资”，选一位财务管账，需要用钱时则从财务处支出。另一方家长会接受吗？

好吧，那就把“猴子”放下来：让家长们自行“谈判”，最后无论采取哪种方案，都是最合理的。

马老师如释重负，连称有一种释然的感觉。由此看来，马老师把“猴子”放下后轻松了，今晚不会为此而失眠了。

我想，家长的问题最后还是留给家长自主解决为好，这样做并不是要推卸责任，而是希望通过某个事例促进相互交流和直接沟通，增进彼此之间的了解和情感；同时，也促进家长换位思考、优势互补，共同为孩子的成长不遗余力地奉献。老师的处理方式只是基于老师本人的角度，甚至有可能是一己之见，但难免会引起误会。所以，作为老师，面对家长的问题，不是要给出解决方案，而是要引导家长自行寻找解决方案。

面对孩子的问题

正准备睡觉呢，手机铃声响了。瞥一眼，手机是个陌生号码。算了，视而不见、听而不闻吧！没想到对方还挺执着的，手机一而再再而三地响起。虽然不免嗔怪，但恻隐之心还是占了上风。

原来是三年级的一位家长。她可能觉得唐突吧，一开口便作起了“自我检讨”：“校长，对不起！十点多还打搅您。”

我庆幸自己动了“恻隐之心”，家长在这个时候还打电话过来，一定是遇到困难了。

“孩子明天下午要上公开课，据说老师让同学们自由组成小组，进行角色表演。我的孩子没有人跟他一组。”

我“哦”了一声。

“有让孩子自己分组的吗？我的孩子没有组，老师知道吗？明天下午哲哲怎么表演？”

“有哇，我们都建议孩子们自由组合。老师也许知道也许不知道。”

“那哲哲表演什么角色呢？”

天！我哪知道呢？具体情况只有哲哲自己知道，要表演什么角色也只有哲哲自己清楚。

“这件事情我是帮不了你的。至于明天怎样，完全在于哲哲。你可以让他自己跟老师说明或自己去争取让其他小组接纳他，或者独自一组。通过这个事情，你要让他自己反思，为什么他会没有组可以加入？为什么同学们不接纳他？你不能事事、时时都为他包办，甚至还为他不平。”

我感觉我的语气有些不耐烦。我想起了我们之前的一次对话。那时她告诉我：“谢老师（班主任）曾经多次因为孩子和同学之间的矛盾打电话给她，可是说不了两句就挂电话了。她总是抱怨我宠孩子。”

我满怀狐疑，我对谢老师多少还是了解的，不由问她：“当老师给你打电话时，你怎样回应的？”“我说，哲哲是有错，但这应该是有原因的，他不可能无缘无故就打人吧？”

我的天，有这样和老师说话的吗？有谁听了不会认为你是在袒护孩子，是在推卸责任？言为心声，既然你在老师面前都这么说，在孩子面前呢？一个问题孩子后面必定有一个问题家长，你就是这句话最好的例证！孩子的今天，不得不说有家长的责任！

其实，哲哲是个非常聪明的孩子，当然也是一个让老师无可奈何的孩子，让全班同学唯恐避之不及的孩子，让高年级的男同学几乎义愤填膺的孩子。原因就是一旦没有迁就他，他会无缘无故地发脾气，一发脾气要么跑出教室，躲在老师很难找到的地方；要么乱扔同学的学习用品，甚至横冲直撞伤害他人，有时还躺在地上耍赖。

哲哲的妈妈原先是不知道孩子情况的，对于老师此前反映过的孩子的问题不免认为是“小题大做”或者有失偏颇。逐渐，家长和同学们的投诉多了，尤其是自己亲眼所见之后，也就不得不信了。妈妈能够积极配合老师共同教育孩子，但是教育方法依然有问题，说是溺爱并不为过——尽管妈妈否认。有时我也想，或许妈妈真的不是溺爱孩子，不想溺爱孩子，而是自身缺乏教育的方法和沟通的艺术，无意间助长了孩子的气焰。通过三四次的谈话，得知几乎每一次孩子回到家讲述事件的原委时，妈妈总是有这么一句：“的确是他引起的……”“虽然不能全怪你……”“他是有不对……”而没有让孩子主动地反省自己，所以导致孩子一犯错，就为自己辩护“我是跟他玩的”“我打他也不疼，他穿了棉袄”“他不让我和他一组”。

我们多次对妈妈晓以利害，同学的家长们也毫不讳言：“现在不教育他，将来到了社会上自然有人会教育他！”妈妈也开始为孩子的情绪的不可控而担忧，为孩子的社会化能力低而担忧。“我真不知道怎么教。”说着，妈妈的眼眶也红了。

其实，从正面管理的理念来分析，“尊重与平等、和善与坚定并行，不娇纵、不惩罚”，妈妈只具备了和善而缺失了坚定，所以才导致孩子一而再再而三地出现行为问题。由于只有和善，因而走向“骄纵”，当然也就失去了“尊重和平等”，这是家长和孩子之间的尊重和平等，也是孩子与孩子之间的尊重与平等。最后，导致孩子的行为问题越来越多，导致孩子越来越缺乏自信，越来越缺乏归属感和价值感。于是，各种错误目标接踵而至：“寻求过度关注”“寻求权力”“报复”“自暴自弃”。

在正面管教家长工作坊中，我以上述事例作为案例，让家长们建言献策，帮助案例中的家长解决问题。当然，我仅仅是陈述问题本身，并没有介绍这个孩子的背景和平时的行为。略加思索后，两位家长率先发表见解。“假如我是这个孩子的家长，我会先安抚孩子的情绪。然后让孩子反思为什么会这样，是不是自己有哪些地方导致自己不受同学的欢迎，启发孩子今后该怎样做。当然，最重要的是解决当前的问题，可以建议孩子自己去找老师，也可以向老师了解情况，并寻求解决问题的办法，让孩子顺利投入第二天的学习中。”“假如我是这位家长，我会找到孩子的感觉，然后认同孩子的感觉，并告诉孩子自己曾经也有类似的经历。接着让孩子想想是什么原因，是由于自己不受欢迎，还是由于恰巧其他组都满员了。最后立足于解决问题，就算是自己一个人一组也要乐于接受，一个人一组，可以扮演四种角色，对自己来说机会更多。”

其他家长频频点头，聚焦于：接受孩子的感受和想法；表达同理心，分享自己类似的感受或行为的情形；表达真实想法，了解原因，启发思考；共同解决问题。这不就是正面管教“建立联系的四个步骤”吗?

遗憾的是，那位家长当天并不在场；欣慰的是，工作坊的家长已经能够学以致用了。

要不要让孩子竞选班干部?

“要不要让孩子竞选班干部?什么样的孩子会被选为班干部?班干部一般要做哪些事、花多少功夫、得到什么锻炼或者产生什么烦恼?希望您可以讲下现在班干部制度的优缺点及家长指引方面注意的事项……”朋友向某报社记者推荐了我，于是，我收到了以上一则短信。

逐一回答上述问题吧!

要不要让孩子竞选班干部，我的答案是肯定的。如果孩子所在的班级有这样的机会，作为家长还是要根据孩子的情况进行适当鼓励。孩子可以通过竞选，正确地认识自己且认识他人。如果竞选失败了，那是为自己提供了一次竞争的机会，提供了一次面对失败和挫折的机会，让自己学会理性地对待自己的短处和别人的长处。如果竞选成功了，那是为自己赢得了更大的成长平台，同时也是一种挑战。作为班干部，较之普通同学，应该以身作则，发挥榜样示范作用，成为同学的表率，至少是某方面的表率；作为班干部，应该成为老师的小助手，具有一定的管理能力，最主要的体现是善于与同学友好合作，公正、公平地解决班级存在的问题，得到同学的尊重和认可；作为班干部，还要能够受得了委屈，能够接受同学的指责和埋怨。

当然，现在有的家长的思想变得扭曲，为了让自己的孩子当上班干部竟然用请客送礼来贿赂班主任；甚至还公然告知孩子，让孩子通过小恩小惠来“收买人心”，让得到好处的同学投自己一票。这样的行为其实非常可怕，给孩子提供了不正之风的温床。这样的恶果一经种下，一旦根深蒂固，将来孩子为了达到自己的目的还有什么是不敢做的呢?

什么样的孩子会被选为班干部?这个问题既复杂也简单。成功竞选为班干部的孩子通常而言应该在某方面有闪光之处，譬如大方、人缘好、得到同学的拥戴；比平常的孩子成熟一些，在班里常常处于“大哥”“大姐”地位；

在某方面（例如学习、劳动、书法、热心）堪称榜样。

事实上，现在孩子当选班干部的机会很多，班主任往往很重视让更多的孩子拥有锻炼的机会，建立了一岗多职或班长轮值制度等。优秀的、经验丰富的班主任还善于通过班干部制度来激励缺乏自信或行为不良的孩子，促进孩子在责任体制中改变。我曾经的一位同事，她是美术老师，也是一位责任心强、颇具爱心、深受家长信任和孩子们喜爱的班主任。当初，她所在的班里有一个女孩，知书达理，兴趣广泛，但性格内向，略显胆小、怯弱，羞于在公众场合表达或表现自己的特长。张老师针对她的性格弱点，有意识地培养她，在同学们的支持下把她选为班长，并且悉心地指导她，不断地鼓励她，这个小女孩逐渐变得自信、阳光，后来看到老师都能大方地向老师问好，改变了过去那种细声细气的、略显羞怯的模样。现实中，班主任对“调皮大王”委以重任，从而改变其不良行为的案例比比皆是。所以，班干部也成了一种有效的教育手段。

班干部得到的锻炼多，需要付出的也多。对于小学生而言，由于学习任务相对较轻，对班干部这一职务一般是可以驾轻就熟的，极少出现家长担心孩子学业受影响而劝孩子卸任的。至于花多少工夫，因人而异，不好量化。

初中的情况我了解不多，记忆中我的孩子在初中似乎没有担任班干部。至于高中，由于有高考的压力，很多家长不太愿意孩子在班干部的事务中花费太多时间，而是希望孩子把所有的精力都放在学业上。我有一个朋友就为这事而烦恼。她女儿现在读高三，高中期间一直担任班干部，而且高三时还是班长。朋友看着孩子一会为毕业旅游的意见不合而烦恼，一会儿为班里同学的志愿而操心，深感担忧。朋友多次劝诫孩子卸任，可是女儿就是乐此不疲。当然，劝阻无效就只能自我安慰，毕竟成绩不是最重要的，能力才是，何况女儿的成绩也不赖呀，进入全国前十的学校那是手到擒来。

这些问题让我不由得想起我的孩子。高一，老师采取了班干部轮换制，第一轮任命他为体育委员，可是他竟然因为不愿意抛头露面而执意不从。在老师且坚持且让步下，他勉强当了考勤员。到了高二，他的成绩窜到了年级前列，自信心有了，青春期也过了，他竟然竞选了学习委员，而且一做就做到高中毕业。他是一位优秀的学习委员，让我这个妈妈自豪的不仅是因为他的成绩名列前茅，更是因为他能大方坦荡、满腔热情地为同学们服务，当同学遇到难题时，他总是有求必应、循循善诱。用班主任张老师的话来说就是“他带动了整个班级的学习热情，让整个班级拥有积极的、浓郁的学习氛围”。

由此看来，作为班干部的确需要能力、需要自信、需要责任和担当。

做事情，有时候是有得必有失，难以两全，那就要趋利避害了；有时候也是可以多方兼顾，甚至游刃有余。

每个孩子都不一样，还是要因人而异！